Claus Wergin

Ein Bürgermeister
zwischen den Stühlen

„Fast alles, was hatte gut werden sollen, wird schlimmer."
Frank Schätzing, LIMIT

Impressum:

1. Auflage 2024
ISBN: 978-3-946324-73-7
cw Nordwest Media Verlag Grevesmühlen
Am Lustgarten 1 • 23936 Grevesmühlen
www.nwm-verlag.de

Claus Wergin

Ein Bürgermeister zwischen den Stühlen

Aus Gründen der besseren Lesbarkeit konnte eine gendergerechte Schreibweise nicht durchgängig eingehalten werden. Bei der Verwendung entsprechender geschlechterspezifischer Begriffe sind im Sinne der Gleichbehandlung jedoch ausdrücklich alle Geschlechter angesprochen.

Vorwort

Seehof – eine Gemeinde am Schweriner Außensee. Hier wohnen knapp eintausend Menschen und fühlen sich in ihrer Gemeinde wohl. Die Straßen und Parkanlagen sind gepflegt, das große Gemeindehaus gut genutzt, die Feuerwehr sehr aktiv, der Kindergarten bei den Eltern beliebt und auf das schöne Freibad sind die Einwohner stolz.

Seit August 2019 bin ich hier ehrenamtlicher Bürgermeister. Das Wahlamt eines Bürgermeisters hat mich einerseits ausgefüllt und mir Freude bereitet, aber es hat mich und meine Familie andererseits erheblich gefordert und meinen Ruf und mein Ansehen öffentlich beschädigt. Nun geht diese Wahlperiode zu Ende und ich habe mir vorgenommen, meine Erkenntnisse und Erfahrungen aus der Zeit als Bürgermeister interessierten Lesern zugänglich zu machen.

Etliche Freunde, Nachbarn und Arbeitskollegen haben mich zuvor mit Nachdruck vor dem Ehrenamt als Bürgermeister in der Gemeinde Seehof gewarnt, denn schon meine Vorgängerin hat in dieser Gemeinde schwierige Situationen erlebt und ist vielfach öffentlich angegriffen worden.

Ich bin mir gewiss, dass es auch in der kommenden Wahlperiode wieder hier in Seehof und anderswo engagierte Bürger geben wird, die ein Mandat in einer Gemeindevertretung anstreben.

Auch wird es sicher wieder unterschiedliche Parteien und Wählergemeinschaften geben, die mit ihren Programmen und Vorstellungen um Zustimmung werben. Denjenigen, die in kleineren Gemeinden bereit sind, auf Wählerlisten zu kandidieren oder Bürgermeister werden wollen, ist dieses Buch gewidmet. Es soll einerseits Mut machen, sich den Herausforderungen der demokratischen Prozesse zu stellen, andererseits soll dieses Buch diejenigen desillusionieren, die glauben, ohne persönlichen Einsatz von Zeit, Geduld und Fachwissen und ohne ein gewisses Maß an gegenseitiger Achtung und Demut ein solches Amt wahrnehmen zu können.

Sie finden in diesem Buch etliche aktuelle Themen einer Gemeinde im Umland-Raum eines Oberzentrums. Die Siedlungsgeschichte und ihre Folgen werden ebenso beleuchtet, wie der demografische Wandel. Fragen zur Transparenz und Öffentlichkeitsarbeit oder zum digitalen Sitzungsdienst einer Gemeindevertretung sind genauso Themen in diesem Buch.

Formen der öffentlichen Herabwürdigung und Anfeindung sowie zu der Zusammenarbeit mit den Verwaltungsämtern werden hier betrachtet, wie auch die Bedeutung der Ehrenamtlichen in einer Gemeinde. Bürgermeistergeschichten oder gar eine politische Abrechnung der letzten fünf Jahre werden Sie hier nicht finden.

Ebenso ist dieses Buch meinen Kollegen Bürgermeistern im Stadt-Umland-Raum und den kommunalen Gremien und Verbänden gewidmet.

Sie haben häufig mit ähnlichen Herausforderungen und Themen zu tun. Wie ich inzwischen weiß, sind meine Erlebnisse in den letzten fünf Jahren kein Einzelfall. Etliche Bürgermeister und gewählte Gemeindevertreter haben mir gegenüber offenbart, dass sie ähnliche Herausforderungen und öffentliche Kränkungen durchlebt haben, aber bislang nicht den Mut hatten, darüber offen zu sprechen.

Die beschriebenen Sachthemen sind beispielhaft so verallgemeinert, dass andere Amts- und Mandatsträger hier mit eigenen Erfahrungen anknüpfen können. Vielleicht sind meine Erfahrungen und Erkenntnisse hilfreich, um hier und anderswo neue Wege zu beschreiten und vergleichbare Probleme zu bewältigen.

Sofern Sie beim Lesen dieses Buches Ähnlichkeiten mit lebenden Menschen oder Mitarbeitern von Behörden erkennen, so kann es, muss aber nicht, wahr oder richtig sein.

Claus Wergin

Die Gemeinde Seehof

Die Gemeinde Seehof, nördlich der Landeshauptstadt Schwerin in Mecklenburg-Vorpommern am Schweriner Außensee gelegen, besteht aus zwei Ortsteilen. Das ursprüngliche alte Bauerndorf Hundorf, das im Jahr 2021 seine 850jährige Ersterwähnung feiern durfte, ist heute mit ca. 300 Einwohnern der kleinere Ortsteil der Gemeinde. Der größere Ortsteil, Seehof, war bis zum Ende des Zweiten Weltkrieges nur ein Gutshof am See und zählt heute ca. 650 Einwohner. In diesem Ortsteil befinden sich das Dorfgemeinschafts- und Feuerwehrhaus sowie ein Kindergarten und ein Seniorenheim. Ebenso gibt es im Ortsteil Seehof einen Frisör, einen Zahnarzt und ein Kosmetikstudio, den kommunalen Bauhof, ein öffentliches Freibad sowie einige ansässige Handwerker mit ihren Betriebsstätten und einen großen Ferienpark mit Zeltplatz, Caravanplätzen und mit einer Gaststätte. Eine Kirche oder eine Schule sind in beiden Ortsteilen nicht vorhanden. Die lockere Bebauung ist durch eingeschossige Einfamilienhäuser und weit überwiegend von Grundstücken von bis zu zweitausend Quadratmetern geprägt. Bauerngehöfte mit Stallungen, Tieren und einem Wirtschaftshof sind bis auf zwei Ausnahmen im Ortsteil Hundorf in der Gemeinde nicht mehr zu finden. Die wenigen landwirtschaftlichen Flächen, die die Gemeinde umgeben, werden gegenwärtig von vier Landwirten bewirtschaftet, die über Seehof hinausgehend weitere Flächen in der Region unter dem Pflug haben.

Als prägender Arbeitgeber spielt die Landwirtschaft keine Rolle mehr.

Die Geschichte des alten Bauerndorfes Hundorf wurde umfassend in einer Chronik anlässlich der 850jährigen Ersterwähnung aufgearbeitet. Beide Ortsteile haben sich in der Mitte des vorigen Jahrhunderts unterschiedlich entwickelt. Während in Hundorf weitgehend noch die bäuerliche landwirtschaftliche Struktur bis zur politischen Wende erhalten blieb und der Zuzug von Auswärtigen nur in geringem Maße erfolgt ist, wurde der Hof am See etappenweise ab 1946 als eigenständige Gemeinde Seehof aufgesiedelt; ab den 1970er Jahren vor allem von Menschen, die nicht mehr überwiegend in der Landwirtschaft, sondern vor allem in Schwerin beschäftigt waren.

Zum Ende des Zweiten Weltkrieges haben im Ortsteil Seehof nicht einmal 50 Menschen gewohnt, von denen einige über die landwirtschaftliche Arbeit bereits Mitte der 1930er Jahre auf dem damaligen Gutshof eine neue Heimat gefunden hatten. Die großen Umwälzungen und demografischen Veränderungen kamen mit der Enteignung und Vertreibung der Gutsbesitzerfamilie 1945, durch die nachfolgende Aufsiedlung mit Neubauerngehöften im Rahmen der Bodenreform und später durch die Kollektivierung der Landwirtschaft. Immer mehr Neubürger kamen vor allem in den Ortsteil Seehof. Es waren in den 1940er und 1950er Jahren eine Vielzahl von Neubauern und ihre Familien, die Anfang der fünfziger Jahre eigene kleine Parzellen bewirtschafteten.

Ab den siebziger und achtziger Jahren wurde die Dorfstraße in Seehof westseitig bebaut und mitten im Dorf entstanden etliche neue Häuser und Wege. Hier siedelten sich Menschen an, die in der zwischenzeitlich gegründeten Landwirtschaftlichen Produktionsgenossenschaft Arbeit hatten oder einer Beschäftigung in Schweriner Behörden bzw. Großbetrieben nachgingen oder mitunter in der DDR so gestellt waren, dass sie in Seehof ein Haus bauen, erwerben oder ausbauen konnten. Eigenheimbauer mussten zu DDR-Zeiten viel Eigenleistung erbringen und möglicherweise auch Entbehrungen hinnehmen. Ohne entsprechende Beziehungen bekam man sein Haus in dieser Zeit in aller Regel nie fertig – auch nicht in Seehof. Bereits in diesen Jahren verschob sich das Verhältnis derjenigen Menschen, die noch in der Landwirtschaft arbeiteten und mit ihr verbunden lebten, hin zu denjenigen, die außerhalb der Gemeinde ihren Arbeitsmittelpunkt hatten. Bald lebten im Ortsteil Seehof mehr Menschen, die frühmorgens das Dorf zur Arbeit verließen und am bisherigen dörflichen Geschehen über Tag kaum noch Anteil hatten.

1981 wurde der Ortsteil Hundorf aus der Gemeinde Lübstorf herausgelöst und der Gemeinde Seehof zugeordnet. Hier wurden zwei Orte zusammengefügt, die sehr unterschiedliche Vergangenheit und Tradition mitbrachten und in ihrer soziologischen Struktur wenig vergleichbar waren.

Nach 1990 waren die Veränderungen für die Ortsteile Seehof und Hundorf nochmals einschneidend. Es kam zu einer großen Zuzugswelle aus Ost und West.

Viele Menschen in den neuen Bundesländern hatten erstmals die Gelegenheit, im stadtnahen Raum zu bauen oder suchten im sich ändernden Arbeits- und Beschäftigungsmarkt neuen eigenen Wohnraum. Die Bodenpreise in der Gemeinde mit ihren Ortsteilen Seehof und Hundorf waren zu Beginn der 1990er Jahre nicht gerade niedrig, gleichwohl stieg die Bevölkerungszahl von etwa 400 Einwohnern am Ende der DDR innerhalb von 10 Jahren auf über 900 Einwohner. In Hundorf entstand gegenüber der alten Häuslerreihe, in denen etliche Familien schon seit vielen Jahrzehnten wohnten, ein neues Wohngebiet mit dreimal so vielen Häusern und neuen Einwohnern. In der Ortschronik „850 Jahre Hundorf" kann man an den Fotos diese Veränderungen und Umwälzungen auf das Beste erkennen: Vom Bauerndorf zur Stadtrandsiedlung. Im Ortsteil Seehof entstanden in wenigen Jahren Eigenheimsiedlungen mit über 50 bis 80 neuen Häusern. Zudem wurde jede erdenkliche Baulücke in Seehof oder Hundorf verkauft und mit weiteren Häusern bebaut.

Die Bevölkerung in den Ortsteilen Hundorf und Seehof gehört zwar zu einer Gemeinde, ohne jedoch seit 1981 eine feste homogene Dorfgemeinschaft gebildet zu haben, wie man sie ansonsten aus anderen mecklenburgischen Dörfern kennt. Hinzu kommt, dass es in beiden Ortsteilen keine Institutionen mit gemeinschaftsförderndem Charakter gibt, wie beispielhaft eine Schule, eine Kirche oder andere gemeinnützige Einrichtungen, in denen man sich trifft, feiert oder einfach nur mal ein Bier miteinander trinkt. So wird zum Beispiel im Ortsteil Seehof immer noch der Verlust des alten Gutshauses beklagt, in dem man zu DDR-Zeiten große gemeinsame Feste feierte. Im Ortsteil Hundorf beklagt man seit mehreren Jahrzehnten die Schließung eines ehemaligen Ferienheimes, in dem man sich wenigstens hin und wieder zu Feierlichkeiten treffen konnte. Offenbar gab es in beiden Ortsteilen auch keine allgemein akzeptierten oder geachteten Persönlichkeiten wie sie zum Beispiel früher ein Lehrer, Pastor, Arzt oder der Vorsitzende einer Landwirtschaftlichen Produktionsgenossenschaft mit seiner gesellschaftlichen Stellung als Integrationsfigur darstellen konnten.

Für den Ortsteil Seehof kann man meines Erachtens grundsätzlich feststellen, dass der Zuzug von Fremden keine Ausnahme war, sondern seit den 1950er Jahren die Regel ist. Zumeist kannte kaum ein Seehofer die Vorgeschichten oder die Eltern der Zugezogenen oder konnte sich auf eine lange Bekanntschaft mit den neuen Nachbarn berufen. Hinzu kommt, dass die Neuen zumeist nur in der Gemeinde wohnten, hier aber nicht arbeiteten.

Etliche Neubürger kamen auch schon vor 1990 aus verschiedenen Bezirken der DDR und nach der Wende auch aus westlichen Bundesländern. Sie brachten unterschiedliche Umgangsformen, Lebensweisen, Dialekte und Kulturen mit, die sich nicht so ohne weiteres mit den bereits zuvor Zugezogenen oder Einheimischen vermischten. Die verbindende Erfahrung einer gemeinsamen Arbeit (zum Beispiel in der Landwirtschaft oder einem anderen Großbetrieb) war, bis auf das von der Schweriner Volkszeitung für ihre Mitarbeiter initiierte Ferienheim in Hundorf, kaum vorhanden. Über viele Jahre blieben die neuen Nachbarn zugezogene Fremde, mit denen man, wenn überhaupt, nur am Wochenende Kontakte hatte. Die großen Ansiedlungen nach der politischen Wende haben diesen Prozess des gegenseitigen Fremdseins noch verstärkt. Mir ist wiederholt aufgefallen, dass auch dreißig Jahre nach dem Bau der großen Eigenheimsiedlungen die dortigen Einwohner nur einen geringen Teil der Mitbürger in ihrer Straße oder gar im Dorf kennen. Einige Einwohner empfinden diese Anonymität durchaus wohltuend und sehen kaum Bedarf an einem dörflichen Gemeinschaftsleben.

Hundorf und Seehof waren schon zur DDR-Zeit begehrte Freizeit- und Erholungsorte am Schweriner Außensee. Schon ab den 1960er Jahren entstanden Bungalowsiedlungen und Gartenkolonien und z. T. auch größere Ferienobjekte sowie ein internationaler Zeltplatz, der damals eine besondere Bedeutung hatte. Ich weiß aus eigener Erfahrung, dass viele Bürger aus Schwerin vor 1990 diejenigen beneideten, die in Seehof oder in Hundorf einen Bungalow bauen durften oder einer Betriebsgemeinschaft angehörten, die dort ein Ferienobjekt hatte oder Bauplätze zugewiesen bekamen. Es war ein Privileg, hier sein Wochenende zu verbringen oder gar ein Bootshaus zu besitzen.

Die Gemeinde Seehof verdoppelt bis heute in den Sommermonaten ihre Einwohnerzahl durch die vielen Erholungssuchenden und Feriengäste im Gemeindebereich.

Der große Zeltplatz und etliche Bungalowsiedlungen haben daran maßgeblichen Anteil. Im Seehofer Freibad und auf einem der Rad- und Wanderwege trifft man in der Sommerzeit zumeist Auswärtige. Ein fröhliches *„Hallo"*, *„Moin"* oder *„Wie geht's Dir?"* einem bekannten Gesicht gegenüber ist in der Sommerzeit daher eher selten.

Meiner Meinung nach entwickelt eine Gemeinde, in der gegenseitige Fremdheit seit Jahrzehnten als alltägliche Gegebenheit akzeptiert wird, andere Merkmale und Verhaltensweisen als traditionelle Dorfgemeinschaften mit jahrelangen festen Familien- und Nachbarbeziehungen und geringem Zuzug. Wenn nun auch noch erkennbar soziale und kulturelle Kriterien sowie verschiedenste Bildungs- und Berufsabschlüsse den Unterschied zwischen Alt- und Neubürgern deutlich machen, kann mangelndes Vertrauen, Gleichgültigkeit oder auch Missgunst eine mögliche Folge sein; Abstand halten, kann dann zur Gewohnheit – zu einem ungeschriebenen Gesetz – von einem Teil der Einwohnerschaft werden.

Dazu will ich einige Beispiele beschreiben:
Ich besuchte im Frühjahr 2022 ein Ehepaar, von dem ich wusste, dass der Ehemann in den 1950er Jahren hier geboren wurde und das Paar seit Jahrzehnten in Seehof lebt. Beim netten Kaffeegespräch sagten beide sinngemäß: *„Eigentlich kennen wir hier keinen mehr und die, die wir von früher her kannten, sind alle schon gestorben."* Mein Erstaunen war mehr als groß, denn schließlich lebten diese Einwohner schon mehr als fünfzig Jahre in dieser Straße und

im selben Haus. *„Hier sind so viele Menschen zugezogen, auch in unsere Straße, wir kennen die eigentlich gar nicht und haben auch wenig Kontakte.“* Als ich einige Namen aus der Nähe aufzählte, die schon mehr als dreißig Jahre hier wohnen, bekam ich zur Antwort: *„Alles Zugezogene, Herr Bürgermeister, alles Zugezogene!“*

Als Einwohner in einer dreißig Jahre alten Eigenheimsiedlung bekam ich aus dem Dorf des Öfteren zu hören: „ *… na Sie wohnen doch in Beverly Hills“*. Der mir dies vorwarf, wohnt selbst in einem schönen neuen Haus im Dorf, hielt aber die vielen neuen Zugezogenen aus der Siedlung grundsätzlich für reiche Menschen und nicht für einen Teil der Dorfgemeinschaft. Ein Interesse an neuen Bekanntschaften bestand offenbar nicht; Abstand halten, war das ungeschriebene Gesetz.

Weiterhin habe ich oft beobachtet, dass das teuer oder mühselig erworbene Eigentum in Seehof auf besondere Weise geachtet und gepflegt, aber auch nach außen wie eine Trutzburg verteidigt wird. Ich habe als Bürgermeister nachbarschaftliche Konflikte zu vergleichsweise unbedeutenden Anlässen erlebt, die nur erklärbar sind, weil die Beteiligten keine Tradition oder Geschichte im Umgang mit den weitgehend unbekannten Nachbarn hatten und sich im Grunde fremd waren und blieben. In jeder traditionellen Dorfgemeinschaft wären solche Konflikte wohl auf „bewährte Art und Weise“ gelöst worden.

Hier wurden jedoch Anwälte in Stellung gebracht und bezahlt, während solche Konflikte anderswo z. B. mit einem Bier im Gasthaus erledigt worden wären.

Ein Dorf mit einer solchen soziologischen Ausgangslage entwickelt auch in demokratischen Prozessen oder in Krisen entsprechende Verhaltensweisen und Merkmale. Davon wird später anhand einiger Beispiele die Rede sein.

Wie ich Bürgermeister wurde

Mitte Februar 2019 wurde ich von einer befreundeten Familie zum Kaffee eingeladen. Als ich das Wohnzimmer betrat, waren zu meinem Erstaunen noch andere Gäste aus dem Ort zugegen. In den Wintermonaten 2018/19 sprach man im Ort viel über Gemeindeangelegenheiten und über die vielen Streitigkeiten in der Gemeindevertretung. In der Kaffeerunde gab es eine große Unsicherheit darüber, wer neben einem jungen Gemeindevertreter wohl noch als Bürgermeisterin oder Bürgermeister kandidieren würde und welche alten und neuen Wählergruppen zur bevorstehenden Wahl Kandidaten für die Gemeindevertretung aufstellen würden. Die bisherige Bürgermeisterin hatte nach 20-jähriger Amtszeit deutlich erklärt, nicht mehr zu kandidieren. Als der Nachmittag zu Ende ging, trat eine Gemeindevertreterin auf mich zu und sagte: *„Claus, willst Du das nicht machen? Du gehst doch nächstes Jahr in den Ruhestand und Dir trauen wir das Ehrenamt eines Bürgermeisters zu."* Mit diesem Ausgang des Nachmittags hatte ich nicht gerechnet. Eigentlich hatte ich mir für meinen Ruhestand andere Dinge vorgenommen. Ich wollte mich in einer zweiten Musikgruppe engagieren und mich der plattdeutschen Sprache sowie meinem kirchlichen Engagement verstärkt zuwenden.

Die Zeit drängte, denn in wenigen Wochen musste die Kandidatur zum Bürgermeisteramt formgerecht im Amt abgegeben werden.

Ich suchte mir also in den folgenden Tagen vier sehr unterschiedliche Menschen, von denen ich wusste, dass sie meine Schwächen und Stärken sowie die Umstände in Seehof kannten und bat um Beratung. Keiner dieser vier Berater hat sogleich „Ja" gesagt und mich ermuntert, Bürgermeister zu werden. Vielmehr haben sie bei dieser Anfrage bedenkliche und sorgenvolle Gesichter gemacht und mich gefragt: „*... willst du dir das in Seehof wirklich antun? Denk´ an die Querelen Deiner Vorgängerin.*" In den folgenden Gesprächen haben wir herausgearbeitet, welche Chancen und welche Gefahren mit einer unabhängigen Kandidatur verbunden sein könnten und ich erhielt die Zusage, dass mich diese vier Berater im Falle eines Wahlsieges auch weiterhin im Bürgermeisteramt begleiten und beraten würden.

Die Forderung von mir, unabhängig zu bleiben, ließ sich leicht umsetzen; ich bin in keiner Partei oder Mitglied einer Wählergruppe und wurde auch von keiner vorgeschlagen. Mir war klar, entweder vertrauen mir die Bürger als unabhängigem Kandidaten oder sie bauen bei der Bürgermeisterwahl auf die zwei weiteren Kandidaten der konkurrierenden Wählergemeinschaften bzw. auf den Kandidaten der einzigen Partei, die in Seehof zur Wahl angetreten ist. Dass es in Seehof zwei Wahlgänge geben würde, war offensichtlich, denn bei insgesamt vier Bürgermeisterkandidaten wäre eine absolute Mehrheit im ersten Wahlgang mehr als unwahrscheinlich.

Die Wahl ist dank einer großen Wahlbeteiligung, insbesondere im zweiten Wahlgang, deutlich zu meinen Gunsten ausgegangen. Ich habe als unabhängiger Einzelkandidat die Stichwahl mit einem Drittel mehr Stimmen als mein Gegenkandidat gewonnen und bin im zweiten Wahlgang von zwei Wählergruppen unterstützt worden. Meine drei Gegenkandidaten haben sich zugleich für einen Sitz in der Gemeindevertretung beworben und sind alle drei für diese Periode auch als Gemeindevertreter gewählt worden. Von da an saß ich oft zwischen allen Stühlen.

Das Ehrenamt eines Bürgermeisters

In Mecklenburg-Vorpommern wird ein ehrenamtlich tätiger Bürgermeister direkt von der Bevölkerung gewählt. Er kann Mitglied einer zur Wahl stehenden Partei oder Wählergruppierung sein und auch als unabhängiger Kandidat von einer Partei oder Wählergruppe vorgeschlagen werden. Er wird jedoch immer direkt gewählt, unabhängig davon, wie groß die ihn vorschlagende Partei oder Wählergemeinschaft in der Gemeindevertretung auch sein mag.

Der Bürgermeister ist gesetzlicher Vertreter der Gemeinde und er nimmt die Aufgaben des Vorsitzenden der Gemeindevertretung wahr. Der Bürgermeister entscheidet zudem in eigener Zuständigkeit alle Angelegenheiten, die nicht von der Gemeindevertretung oder einem Hauptausschuss wahrgenommen werden. Die Unabhängigkeit eines ehrenamtlich tätigen Bürgermeisters ist ein zentrales Element der Direktwahl in Mecklenburg-Vorpommern. Der Bürgermeister ist bewusst nicht „Angestellter" der Gemeindevertretung.

Ich habe das Bürgermeisteramt als einen Vermittlungsdienst verstanden. Der ehrenamtliche Bürgermeister ist als gewählte Vertrauensperson die Brücke zwischen der Gemeindevertretung und den Bürgern und ebenso die Brücke zwischen der Amtsverwaltung und den Bürgern oder auch zwischen der Amtsverwaltung und der Gemeindevertretung.

Ein Bürgermeister ist der Kommunalverfassung und natürlich seinem Gewissen verpflichtet. Er leitet die Gemeindevertretersitzungen und sorgt dafür, dass die rechtmäßigen Beschlüsse der Gemeindevertretung durch das Amt umgesetzt werden. Da ein ehrenamtlicher Bürgermeister keine hoheitlichen oder ordnungsrechtlichen Aufgaben erfüllt, liegt die alleinige Umsetzungsverantwortung von Beschlüssen immer bei der zuständigen Amtsverwaltung.

In der Gemeindevertretung unseres Dorfes wurde vielfach die Einstellung vertreten, der Bürgermeister sei nur ein Erfüllungsgehilfe der Gemeindevertretung; er dürfte also keine eigene Meinung kundtun oder veröffentlichen und sei ausschließlich der Mehrheitsmeinung der Gemeindevertretung verpflichtet. Die Gemeindevertretung – so einige Gemeindevertreter – ist der Arbeitgeber des ehrenamtlich tätigen Bürgermeisters und es ist ihm darum untersagt, die Gemeindevertretung und ihre Beschlüsse zu kritisieren. Diese Rechtsmeinung steht jedoch nicht im Einklang mit der Kommunalverfassung in Mecklenburg-Vorpommern. Vielmehr ermächtigt die Kommunalverfassung den Bürgermeister, eine kritische Haltung zu den Beschlüssen gegenüber einzunehmen und verpflichtet ihn sogar, in gebotenen Fällen zu widersprechen.

In der Seehofer Gemeindevertretung hatte ich oft den Eindruck, dass gerade diejenigen juristisch gebildeten Gemeindevertreter, die selbst gerne zum ehrenamtlich tätigen Bürgermeister gewählt worden wären, meine Rolle und meine Unabhängigkeit öffentlichkeitswirksam kritisierten. Mit einer erstaunlichen Empörungskultur in Worten und Gesten hielten sie mit rechtlich zweifelhaften Meinungsbekundungen nicht hinterm Berg. Ein Gemeindevertreter hat beispielsweise öffentlichkeitswirksam ausgeführt, dass der Bürgermeister selbst nur ausführendes Organ der Gemeindevertretung ist, und als Amtsperson/Ehrenbeamter es ihm nicht zusteht, seinen Arbeitgeber öffentlich zu kritisieren. Im sozialen Netzwerk WhatsApp wurde ich mehrmals als ehrenamtlicher Bürgermeister mit gefährlichem Halbwissen bezeichnet, der der Gemeinde zum großen Schaden würde. Weiteres zu solchen öffentlichen Kampagnen können Sie im Kapitel „Anfeindung, Verleumdung und öffentliche Herabwürdigung" lesen.

Auf solche Kommentare und Äußerungen in sozialen Netzwerken habe ich kein einziges Mal reagiert oder geantwortet. Demokratische Prozesse werden nicht über WhatsApp ausgetragen. Ich weiß, dass die Verfasser der bissigen Botschaften meine Nichtreaktion am meisten geärgert hat.

In einer Woche habe ich durchschnittlich ca. drei bis fünf Stunden täglich für die Gemeinde gearbeitet. Gleich zu Beginn meiner Amtszeit hatte ich mir vorgenommen, anders als meine Vorgängerin, vorrangig im Gemeindebüro zu arbeiten; ich wollte bewusst den privaten und familiären Raum weitgehend von der Tätigkeit als Bürgermeister freihalten (eine Absicht, die sich leider nie ganz erfüllt hat). Die Arbeit im Gemeindehaus sollte zudem auch das sichtbare Signal setzen, der Bürgermeister ist anwesend und steht für Gespräche und auch für unangemeldete Besuche zur Verfügung. Durch meine tägliche Anwesenheit sollte das Gemeindehaus mit mehr Leben gefüllt werden und somit auch als öffentliches Bürgerhaus präsenter werden. Dieser Wunsch hat sich alsbald erfüllt: Oft kamen Einwohner einfach mal so in mein Büro, trugen persönliche Anliegen vor oder erkundigten sich nach Gemeindevorhaben. So ähnlich war es auch mit den Bürgersprechstunden. Jede Woche donnerstags eine solche Sprechstunde durchzuführen, schien zu Anfang eine Last zu sein, aber bald erkannte ich, dass etliche Bürger diese wöchentliche Kontinuität schätzten.

Eine große Hilfe war die Digitalisierung von Arbeitsprozessen und Verwaltungsaufgaben. Durch die Anschaffung eines modernen PCs und diverser Übertragungstechnik konnten viele Aufgaben besser und zeitnaher erledigt werden. Ohne die ehrenamtliche Hilfe und die Ideen eines mir zur Seite stehenden sachkundigen Einwohners wäre ein Großteil der IT-Aufgaben nicht zu erfüllen gewesen. Die Homepage mit ihrer großen Vielfalt, Aktualität und Transparenz oder die online Übertragung der Gemeindevertretersitzungen oder manche Veranstaltungsvorbereitung wären ohne seine Hilfe und sein Know how kaum möglich gewesen. Die Gemeinde Seehof war in dieser Hinsicht manchen anderen Gemeinden im Amt voraus und hat etliche Prozesse digitaler Verwaltungsarbeit im Amt angeregt und als Pionier eingeführt.

Der digitale Sitzungsdienst – Übertragung aller Sitzungsunterlagen, Einladungen und Beschlüsse auf digitale Endgeräte der Gemeindevertreter – war jedoch Segen und Fluch zugleich. Einerseits wurde die Gemeindevertretung somit weitgehend papierfrei, zugleich aber nahm das Interesse und die Lesegeduld einiger Gemeindevertreter an den mitunter über 100 Seiten umfassenden Unterlagen pro Sitzung ab. Die Gemeinde und das Amt konnten auf diesem Wege Kopier- und Versandarbeitszeit und damit verbundene Kosten sparen. Andererseits konnte ich beobachten, dass etliche Gemeindevertreter sich mit der digitalen Technik schwertaten. Die Notwendigkeit der digitalen Beschlussvorlagen mit ihren vielen angehängten PDF-Dokumenten war durchaus zu Beginn der Umstellung umstritten. In einigen Fällen der Unterlassung gründlichen Lesens kam es sogar vor, dass Gemeindevertreter den digitalen Sitzungsdienst als ausgelagerte, mehr oder minder unzuverlässige, elektronische Plattform des Amtes beschimpften.

Die Seitenfülle, die das Amt in einem speziellen Online-Programm auf den Endgeräten der Gemeindevertreter zum Download bereitstellte, verführte wohl manchen Gemeindevertreter dazu, schnell umzublättern und die Vorlagen nicht immer in Gänze zu lesen. Ich hatte mitunter sogar den Eindruck, dass Gemeindevertreter die Sitzungsunterlagen erst im Verlauf der Sitzung auf ihrem Tablet öffneten und somit meiner Meinung nach nur begrenzt entscheidungskompetent waren.

Diejenigen Gemeindevertreter, die sich dem digitalen Sitzungsdienst angeschlossen hatten, erhielten eine Aufwandsentschädigung von 20,00 Euro pro Monat für die damit verbundenen Internetbereitstellungskosten.

Als Bürgermeister erhält man viele Mails und Nachrichten. Im Durchschnitt eines Tages erreichen mich ca. 15 bis 20 Mails; gut die Hälfte sind Informationen aus dem Amt, ein Viertel sind Anliegen von Einwohnern oder Gruppen der Gemeinde. Die restlichen Mails verteilen sich auf Newsletter, halbamtliche Mitteilungen von Diensten oder Serviceorganisationen. Mir war schnell klar, dass die vielen Nachrichten gefiltert werden müssen. Eine unsortierte Weiterleitung aller Nachrichten von übergemeindlichen Diensten und allgemeinen Agenturen an die Gemeindevertreter oder an die Mitglieder der beratenden Ausschüsse, verbunden mit der Bitte, sich mit den Inhalten vertraut zu machen, würde mithin zur Überforderung führen oder als Spam weggetan werden.

In der ersten Hälfte meiner Amtszeit als Bürgermeister habe ich dennoch sehr viele Unterlagen und Informationen unter Transparenzgesichtspunkten an die Vertreter und die Ausschüsse weitergeleitet. Ich habe jedoch feststellen müssen, dass die vielen weitergeleiteten Mitteilungen nur von wenigen Mitgliedern gelesen wurden. Zur Kenntnis genommen wurden vorbereitende Unterlagen, Konzepte oder Papiere zumeist erst dann, wenn sie zu einer Beschlussvorlage in der Gemeindevertretung wurden. Meine Überlegung, dass sich die Vertreter oder Ausschussmitglieder bereits im Vorfeld mit Sachverhalten vertraut machen würden, ging häufig nicht auf und verlängerte auf Grund mangelnder inhaltlicher Kenntnis der begründenden Unterlagen oft die Beratungszeit in den Sitzungen. Auch der Versuch, die Gemeindevertreter zu vorbereitenden Gesprächen zum besseren Verständnis von komplizierten Sachverhalten einzuladen, wurde von einigen Gemeindevertretern als bürgermeisterliche Beeinflussung abgelehnt. Was in anderen Gemeinden gängige Praxis ist, nämlich sich gemeinsam im Vorfeld einer Gemeindevertretersitzung untereinander zu verständigen und Mehrheiten zu zuchen, wurde in Seehof diskreditiert und dargestellt als der Versuch des Bürgermeisters, in seinem Sinne die Mitglieder der Vertretung zu beeinflussen. In einigen Wählergemeinschaften wurden die Sitzungen der Gemeinvertretung gleichwohl gut vorbereitet, jedoch ohne Abstimmung mit anderen Wählergemeinschaften oder Parteien.

Die Zusammenarbeit mit der Amtsverwaltung

Die Zusammenarbeit mit dem Amt habe ich als gut und hilfreich erlebt. Da ich selbst viele Jahre im Öffentlichen Dienst gearbeitet habe und mir Verwaltungsabläufe somit vertraut waren, stellte ich alsbald fest, wie engagiert und professionell die Mitarbeiter in der Amtsverwaltung waren. Die Zusammenarbeit zwischen dem Amt und mir wurde in den ersten Jahren durch drei leitende Verwaltungsbeamtinnen geprägt. Alle drei Frauen waren langjährig in der Leitung eines Fachbereichs tätig und kannten die Gemeinden, ihre Besonderheiten und die Arbeit der Gemeindevertretungen seit langem. Gleich zu Beginn der Wahlperiode erhielt ich eine solide Einführung durch die leitende Verwaltungsbeamtin. Sie wusste um die Besonderheiten der Gemeinde Seehof, vor allem um die vorangegangenen Streitigkeiten und hatte zuvor bereits meine Vorgängerin vertrauensvoll begleitet und beraten. Auch ich konnte mich immer mit Fragen und Anliegen an die Mitarbeiter des Amtes wenden und erhielt zumeist hilfreiche Hinweise und Ratschläge.

Mir wurde sehr schnell klar, dass die Gemeinde Seehof das Amt und seine Dienstleistungen mehr in Anspruch nimmt, als andere Gemeinden. Der Begleitaufwand des Amtes für die Gemeinde Seehof, vom Bauamt über das Ordnungsamt bis hin zum Sitzungsdienst, war höher als in anderen Gemeinden. Das war offenbar in der letzten Wahlperiode, schon unter meiner Vorgängerin, zunehmend der Fall.

Die vielen Streitereien in der Gemeindevertretung, die große Anzahl von Rechtsaufsichtsbeschwerden und Gerichtsverfahren, die Akteneinsichtswünsche einiger Gemeindevertreter sowie die immer neuen rechtlichen Themen, führten zu einer Belastung des Amtes, die von den anderen 14 Gemeinden im Amtsbereich nicht ohne weiteres toleriert wurde. „Seehof stiehlt den anderen Gemeinden die Arbeitszeit" – lautete der Vorwurf meiner Bürgermeisterkollegen. Nun war das kein neuer Vorwurf; auch in der vorangegangenen Wahlperiode musste die Gemeinde Seehof intensiver als andere Gemeinde begleitet werden und eine Vielzahl von Bürgermeistern im Amtsbereich hatten gehofft, dass sich mit der Wahl von sieben neuen Gemeindevertretern und einem neuen Bürgermeister die Verhältnisse in Seehof verbessern würden.

Erschwerend kam hinzu, dass die Mitarbeiter im Amt Beschlussvorlagen mit einer besonderen Sorgfalt und mit mehr begründenden Unterlagen als in anderen Gemeinden üblich erstellten. Sie hegten die Befürchtung: In der Seehofer Gemeindevertretung sitzen etliche Juristen die alles zerreden und uns durch Rechtsaufsichtbeschwerden und Nachfragen beim Landkreis Probleme bereiten. Ein von mir geschätzter Mitarbeiter aus dem Bauamt hat es mit dem Satz auf den Punkt gebracht: „*Was in anderen Gemeinden Gepflogenheit ist, geht in Ihrer Gemeinde noch lange nicht!*"

Nach zweieinhalb Jahren in der Zusammenarbeit mit dem Amt und mit den Bürgermeisterkollegen im Amtsausschuss war mir klar: Ich muss mich gegenüber den anderen Bürgermeistern aus dem Amtsbereich erklären und klar benennen, warum die Gemeinde Seehof so viele Ressourcen der Verwaltung bindet. Für eine Amtsausschusssitzung beantragte ich also einen gesonderten Tagesordnungspunkt und erläuterte den Kollegen Bürgermeistern die besondere Situation der Gemeindevertretung Seehof anhand der bislang vorliegenden Rechtsaufsichtsbeschwerden, Klagen sowie anhand von laufenden Ermittlungsverfahren und Gerichtsprozessen.

Sinngemäß erläuterte ich den anderen Bürgermeistern, dass ich, bzw. das Amt bereits zehn Anzeigen bzw. Rechtsaufsichtbeschwerden erhalten hatten und dass das Amt die Gemeinde bei gerichtlichen Prozessen als Bevollmächtigte vertrat. Ich verschwieg meinen Kollegen auch nicht, dass diese Anzeigen und ebenso die Verleumdungen in den sozialen Netzwerken mich und meine Familie erheblich belasteten. Der Großteil dieser Anzeigen und Beschwerden, erläuterte ich den Bürgermeistern, käme stets von ein oder zwei Gemeindevertretern, die mich bzw. das Amt juristisch belauerten. Ich machte sehr deutlich, dass die juristischen Querelen in der Gemeindevertretung nicht nur mich, sondern auch das Amt und unsere dort tätigen Kollegen/innen belasteten und den anderen Gemeinden dadurch viel Zeit gestohlen würde.

Insbesondere der breitgestreute Versand aller erdenklichen Vorwürfe, Anzeigen, Beschwerden, Meinungsbekundungen und juristisch formulierten Einwände an eine Vielzahl von Mitarbeitern im Amt, im Landkreis und mitunter auch an das Innenministerium wirkten lähmend und bereiteten Unwillen bei allen Empfängern. Wörtlich fuhr ich fort: *„Liebe Kollegen*in, mir ist es peinlich, Ihnen dieses vortragen zu müssen, denn ich weiß, wie sehr die Gemeinde Seehof das Amt belastet. Ich weiß, dass diese kleine Gemeinde mit Ihren Querelen und Quertreibern viel Zeit im Amt bindet, die anderen Gemeinde entzogen wird. Glauben Sie mir, ich habe alles versucht und mein fachliches Wissen und Können eingebracht, um diese Belastung zu verhindern. Ich habe dabei immer die Unterstützung des Amtes und des Kreises erfahren. Aber weder das Amt noch der Landkreis oder ich sind derzeit in der Lage, die juristischen Einlassungen, Mails, Verunglimpfungen von Mitarbeitern oder die vielen Telefonate auf Dauer abzustellen.“*

Das Amt hat in dieser Wahlperiode für mehrere gerichtliche Verfahren von einzelnen Gemeindevertretern gegen die Gemeinde(vertretung) sowie für weitere Verfahren einen Wanderweg betreffend die juristische Vertretung der Gemeinde übernommen. Die Vertretung von amtsverwalteten Gemeinden vor Gericht wird regulär durch den Bürgermeister, der zugleich auch Vorsitzender der Gemeindevertretung ist, auf die Verwaltung übertragen. Eine solche Vertretung ist unabhängig von einer Beauftragung durch die Gemeindevertretung.

In den Gerichtsverfahren wurde eine Vielzahl von wechselseitigen Stellungnahmen zwischen den Streitparteien ausgetauscht. Den Gemeindevertretern wurden die Schriftsätze der Streitparteien zumeist übersandt, aber die Mehrzahl der Gemeindevertreter hatte jedoch kaum die Zeit, noch die Muße, diese umfangreichen Schriftsätze zu lesen. Das Interesse an diesen vielen gerichtlichen Auseinandersetzungen nahm im Laufe der Wahlperiode deutlich ab. Die Gerichtsverfahren belasteten jedoch zusätzlich das Amt und seine Mitarbeiter und sind im Vergleich zu anderen Gemeinden in der Wahlperiode wohl einzigartig.

Langfristig versuchte ich die Belastung des Amtes auch dadurch zu mindern, in dem ich sehr frühzeitig im Amt den digitalen Sitzungsdienst als zweite Gemeinde einführte und ausbaute. Ebenso bereitete ich kleinere Ausschreibungen von Bauvorhaben oder Anschaffungen vor und versuchte dadurch die Mitarbeiter des Amtes zu entlasten. Ich selbst reduzierte meine Besuche im Amt um die Hälfte, um die dortigen Mitarbeiter nicht unnötig von der Arbeit für anderen Gemeinden abzuhalten und erledigte viele Vorgänge per Mail oder per Telefon.

Mit dem Wechsel des leitenden Verwaltungsbeamten verschärfte sich zunächst die Situation. *„Die Gemeinde Seehof wird nicht anders behandelt als die anderen Gemeinden …"*, war die neue Devise nach dem Leitungswechsel. Jedoch wurde schnell klar, dass das Amt selbst in das Fadenkreuz der in der Gemeindevertretung geäußerten Kritik geriet.

Es war schwer zu ertragen, dass sich in manchen Sitzungen einige Gemeindevertreter mit herabsetzenden und verleumdenden Aussagen über das Amt und über die angeblich fehlenden juristischen Kenntnisse der dortigen Mitarbeiter öffentlich lustig machten. Der fehlende Anstand und Respekt dieser Gemeindevertreter gegenüber der Arbeit des Amtes und gegenüber den Behörden des Landkreises ließ die Gemeinde Seehof zunehmend als problematisch erscheinen und wirkte anmaßend und unverschämt.

Die Amtsleitung erkannte alsbald, dass zur Verhinderung der Mehrbelastung in der eigenen Verwaltung die Gemeinde Seehof stärker beraten werden müsste; insbesondere galt das für die Begleitung und Vorbereitung von Sitzungen. Die Gemeindevertreter und Ausschussmitglieder fühlten sich durch das Amt nicht ausreichend an die Hand genommen; bei komplizierten Vorhaben und Themen waren manche Akteure nicht entscheidungsreif vorbereitet. Die umfangreichen Unterlagen aus dem Amt ersetzten nicht das erläuternde Gespräch und den Dialog mit den Mandatsträgern. Daher hat das Amt mehrmals erlebt, dass eine fehlende fachliche Begleitung in den Sitzungen zu erheblicher Mehrbelastung in der eigenen Verwaltung führte. Was nicht ausreichend im Vorfeld erklärt und erläutert wurde, führte anschließend zu Nachfragen, abwegig geänderten Beschlüssen oder zu Rechtsaufsichtsbeschwerden. Wenn zum Beispiel die Begleitung der Seehofer Gemeindevertretung nur durch die Protokollbeamten wahrgenommen wurde, konnten mitunter

Sach- und Verwaltungsfragen nicht ausreichend fachlich geklärt werden und wurden anschließend durch einzelne Gemeindevertreter in Form von Nachfragen, Widersprüchen oder Beschwerden nochmals an das Amt und mitunter auch an den Landkreis herangetragen – eine zusätzliche Belastung die vermeidbar gewesen wäre.

Die Zusammenarbeit mit dem Amt wurde nicht nur durch mich allein wahrgenommen. Zunehmend habe ich meinen ersten Stellvertreter in die Besuche im Amt eingebunden. Er hat mit sehr viel Sachverstand, Geduld und Professionalität Vorgänge begleitet und auf die richtige Schiene gesetzt. Sein juristischer Sachverstand war sowohl mir als auch der Amtsverwaltung eine große Hilfe. Auch die Ausschussvorsitzenden der beratenden Ausschüsse haben z. T. eigenständig mit dem Amt und den dortigen Kollegen Vorgänge und Vorhaben beraten. Die Bereitschaft der Kollegen im Amt, auch mit diesen gewählten Vertretern und Vorsitzenden zu sprechen und zu arbeiten, ist in diesem Zusammenhang nicht hoch genug zu schätzen.

Die Finanzen einer Gemeinde werden im Amt in einem Fachbereich gebündelt; jeder Gemeinde sind dazu bestimmte Sachbearbeiter zugeordnet. Auf Wunsch wurde mir und allen Gemeindevertretern quartalsscharf ein Überblick über alle Konten und Positionen („Produkte") des laufenden Haushalts ermöglicht, so dass ich frühzeitig erkennen konnte, welche Ausgabepositionen stark und welche eher wenig in Anspruch genommen wurden. Die doppische Haushaltsführung ist nicht einfach zu verstehen und für die Mehrzahl der Gemeindevertreter mit drei Detailhaushalten eine schlichte Überforderung; der Jahreshaushalt einer Gemeinde wie Seehof hat beispielsweise einen Umfang von ca. 130 Seiten.

Die Mitarbeiter des Bau- und Ordnungsamtes besuchen die Gemeinden regelmäßig vor Ort. Bauberatungen, insbesondere bei großen Hochbauvorhaben (z.B. unser Kindergartenneubau), fanden wöchentlich statt und banden für alle Beteiligten viel Zeit und Kraft. Ich habe immer erlebt, dass bei Schadensereignissen oder größeren Gefahren, die entsprechenden Amtsmitarbeiter innerhalb eines Tages vor Ort waren. Ich konnte mich stets darauf verlassen, dass im Falle von Einwohnerbeschwerden oder -vorkommnissen das Ordnungs- bzw. Bauamt den Fall übernahmen. Die Grundregel, dass nicht der Bürgermeister selbst Hand anlegt, sondern das Amt und die durch das Amt beauftragten Firmen, hat sich bewährt und unterstreicht somit die Rolle eines Bürgermeisters als Mittler zwischen Bürgern und Amt.

Rückschauend bin ich mit der Arbeit des Amtes zufrieden. Ich habe dort engagierte Kolleginnen und Kollegen erlebt, die sich den Problemen der jeweiligen Einwohner sachgerecht gewidmet haben und zugleich mit Klarheit, Verlässlichkeit, Durchsetzungsfähigkeit und Einfühlungsvermögen tätig waren.

Das Wahlsystem und die Rolle der Wählergruppen

Weil mich öfter Mitbürger auf das Wahlsystem hin angesprochen haben, möchte ich auch dieses und seine Folgen für kleine Ortschaften in diesem Buch ansprechen. Einige Einwohner waren mitunter mit dem Ausgang der kommunalen Wahlen sehr unzufrieden. Die jeweiligen gewählten Vertreter, so die Meinung einiger Mitbürger, entsprachen nicht in vollem Umfang dem Wählerwillen. Was steckt hinter dieser Kritik und woran liegt das?

In kleinen Ortschaften werden von den Einwohnern vor allem diejenigen Mitbürger gewählt, die sie kennen, denen sie vertrauen und die sie für kompetent halten, Verantwortung zu übernehmen. Dabei spielt es häufig keine Rolle, auf welcher Liste einer Partei oder Wählergruppe ein betreffender Kandidat steht. Entscheidend ist für eine Vielzahl der Wähler, ob diejenige Person, die man kennt und der man vertraut, sich zur Wahl stellt und man dort sein Kreuz machen kann.

Die Zusammensetzung einer Gemeindevertretung wird jedoch nicht allein durch die entfallenden Stimmen auf die jeweilige Person bestimmt. Wesentlich für die Zusammensetzung der Gemeindevertretung ist der Anteil aller Stimmen, die auf eine Partei oder Wählergruppe insgesamt entfallen. Das Wahlsystem legt fest, dass die Summe der auf eine Partei oder Wählergruppe insgesamt entfallenden Stimmen ausschlaggebend dafür ist, wie viele Kandidaten einer Partei oder Wählergemeinschaft in die Gemeindevertretung einziehen können.

Dieses Verhältniswahlrecht kann mitunter zu Verzerrungen führen. Entfallen nämlich auf einen Wahlvorschlag einer Partei oder Wählergruppe insgesamt viele Stimmen, können somit Personen zu Gemeindevertretern werden, die zuvor nur von wenigen Bürgern eine Stimme erhalten haben. Andere Wahlkandidaten hingegen können kein Mandat erhalten, die zwar im Vergleich dazu viele Stimmen durch die Wähler erhalten, aber auf einer insgesamt wenig erfolgreichen Wahlvorschlagsliste mit nur insgesamt wenig Wählerstimmen gestanden haben.

Wie ist mit dieser Kritik einiger Mitbürger aus kleinen Gemeinden umzugehen?

Und noch eine Überlegung sei mir in diesem Zusammenhang gestattet. Welche Rolle spielen eigentlich die örtlichen Wählergruppen, Bürgerinitiativen und die anderen zur Wahl stehenden Wählergemeinschaften? In vielen Gemeinden werden solche Wählergemeinschaften verstärkt vor Parteien gewählt und bestimmen ganz wesentlich die Kommunalpolitik. Oft ist man sich vor Ort darüber einig, dass Parteien und ihre Programme nicht passgenau sind für die Belange und Bedarfe in kleineren Kommunen und damit vor Ort. Die Einwohner vertrauen den aus zumeist bekannten Mitbürgern bestehenden Wählergruppen mehr als den auf anderen Ebenen etablierten Parteien.

In der Gemeinde Seehof haben drei konkurrierende Wählergruppen und eine Partei zur letzten Wahl um Zustimmung gebeten und insgesamt über 20 Kandidaten aufgestellt.

Bei Parteien und ihren Mitgliedern kann man grundsätzlich von einer politischen Grundhaltung und einer durch Mitbestimmung zustande gekommenen inhaltlichen Zielsetzung ausgehen. In den Wahlaussagen sollen die Parteien vor Ort diese Parteiprogramme an die Bedingungen und Bedarfe demgemäß anpassen; sie erarbeiten lokale Programme oder geben dementsprechende Wahlversprechen, die sich in Übereinstimmung mit ihren Grundwerten befinden. Die Wähler haben überdies ein bestimmtes Bild von einer Partei und verbinden damit ihr persönliches Wählerverhalten. Ihre Wähler verlassen sich darauf, dass das lokale Programm den Grundwerten und -programmen der jeweiligen Partei entspricht.

Bei Wählergemeinschaften und -gruppen verhält es sich hingegen anders. Sie werden durch ausgewählte oder begrenzte Themen, Inhalte, Vorschläge bzw. Proteste sowie durch bestimmte Personen identifizierbar. Die Mitglieder der Wählergemeinschafen oder Bürgerinitiativen eint ein gemeinsames Vorhaben, ein oder mehrere Ziele oder mitunter auch ein Protest, klar umgrenzt und zumeist sehr eindeutig beschrieben. Mitbürger, die Wählergruppen den Vorzug geben, setzen nicht auf ein parteipolitisches Grundsatzprogramm, das durch viele gesellschaftliche Aussagen, durch ein politisches Bild bzw. Milieu und durch parteiliche Verlässlichkeit und Kontinuität geprägt wird.

Wählergemeinschaften setzen auf die Bekanntheit einer Person und/oder auf ein momentan drängendes Thema.

Im Prozess einer Kommunalwahl sind Wählergruppen zumeist Kandidatenaufstellungsgemeinschaften, die diejenigen um sich scharen, von denen man glaubt, eines Sinnes zu sein oder ein gemeinsames Thema zu haben. Dabei spielen die Grundwerte, wie sie den Parteien nun mal eigen sind, kaum eine Rolle. In Wählergruppen können sich somit Menschen wiederfinden, die zwar ein gemeinsames Anliegen oder Ziel haben, deren Grundwerte aber durchaus sonst verschieden sein können.

Genau darin liegt aber zugleich ein Problem. Da die Mitglieder von Wählergemeinschaften zumeist keine gemeinsamen Grundwerte, sondern nur ein gemeinsames Vorhaben / Thema teilen, haben sie für die Vielzahl der unterschiedlichsten übrigen Gemeindeangelegenheiten zumeist keine gemeinsame Haltung. Sie müssen sich immer wieder neu verständigen, sofern nicht ihr Generalthema, unter dem sie sich einst zusammengefunden haben, verhandelt wird. Diese permanente Neuverständigung kann anstrengend und aufreibend werden oder dazu führen, dass eine Wählergemeinschaft bald nach der Wahl in lauter Einzelstimmen zerfällt, denen ein gemeinsames Vorgehen und Programm fehlt. In kontroversen Diskussionen und Entscheidungsfällen können die Mitglieder von Wählergemeinschaften daher in ihrem Stimmverhalten unbeständig und wenig verlässlich werden, auch den Wählern gegenüber im Verlauf einer Wahlperiode.

Wählergemeinschaften sollten sich in Vorbereitung einer Wahl daher zu vielen Themen verständigen und unter den Mitgliedern prüfen, ob man ähnliche Grundwerte auch wirklich miteinander teilt und in vielen gemeindlichen Fragen übereinstimmt. Nur für oder gegen etwas Bestimmtes zu sein, reicht nicht aus für eine ganze Wahlperiode. Die gemeinsamen Werte und Ziele sollen breit angelegt über etliche Jahre tragen und für die Mitglieder untereinander verlässlich sein. Viele unterschiedliche Kandidaten aufzustellen, mag zwar zu vielen Stimmen einer Wählergemeinschaft führen, reicht aber für die kontinuierliche Sacharbeit und zur gegenseitigen Verständigung in der Gemeindevertretung mitunter nicht aus.

In Seehof sind drei konkurrierende Wählergemeinschaften in der Gemeindevertretung mit sechs von insgesamt acht Sitzen vertreten. Für die Mitglieder solcher Wählergruppen ist es mitunter schwer, ihre Mandatsträger bei der Stange zu halten, um sich gemeinsam auf die Sitzungen und Themen der Gemeindevertretung vorzubereiten. War man erst einmal auf der Liste einer Wählergemeinschaft zum Gemeindevertreter gewählt worden, war die Rückverständigung mit den anderen Mitgliedern der Wählergruppe oft zeitaufwendig. Es fehlte häufig an einer breiten Übereinkunft über die vielen gemeindlichen Themen; sowohl auf der Seite der gewählten Gemeindevertreter als auch auf der Seite der anderen Mitglieder einer Wählergruppe.

Die unterschiedlichen Interessen der Einzelnen und die fehlenden Grundwerte ließen die Vertreter aus Wählergemeinschaften mitunter in ihrem Stimmverhalten unberechenbar werden.

Die anderen Mitglieder der Wählergemeinschaften, die nicht zur Gemeindevertretung gehörten, waren z. T. entsetzt über die Argumentation und das Abstimmungsverhalten ihrer eigenen gewählten Leute und verloren alsbald das Interesse an der Vorbereitung und Auswertung von Sitzungen der Gemeindevertretung. Je länger die Wahlperiode dauerte, umso größer war der Rückzug und der Interessenverlust der Gesamtheit einer Wählergruppe am Geschehen in der Gemeindevertretung.

Die Gemeindevertretung

Sitzungen einer Gemeindevertretung unterliegen einer langfristigen Planung. Bereits im Oktober/November des Vorjahres werden die Sitzungstermine des nächsten Jahres für unsere Gemeinde mit dem Amt abgestimmt. Geplant werden zumeist fünf oder sechs Sitzungen im Jahr. Dringlichkeitsanträge von Gemeindevertretern sowie auch eilbedürfte Sachentscheidungen können zu einer Erhöhung der Anzahl von Sitzungen innerhalb eines Jahres führen.

Gemeindevertreter erhalten in Seehof ein Sitzungsgeld in Höhe von 40,00 Euro, der Bürgermeister als Leiter der Gemeindevertretung 60,00 Euro. Vergleichbare Entschädigungsregelungen gelten auch für die beratenden Ausschüsse. Wurde eine Sitzung am Sitzungstag nicht bis 22.00 beendet und wird sie einige Tage später fortgesetzt, besteht in solchen Fällen kein Anspruch auf weiteres Sitzungsgeld. Eine Gemeindevertretersitzung kostet die Gemeinde Seehof ca. 380,00 Euro. Nicht einberechnet ist der Aufwand des Amtes für die Begleitung, Protokollierung und Aufarbeitung der Sitzung sowie die Kosten für Kopien und Versandkosten. Auch diese Kosten trägt letztlich der Haushalt der Gemeinde. Für die Sitzungen der Gemeindevertretung und für die beratenden Ausschüsse sind in Seehof gut achttausend Euro jährlich eingeplant worden.

Die Tagesordnung wird durch den Bürgermeister in Abstimmung mit dem Amt festgelegt. Fraktionen, Wählergruppen und einzelne Gemeindevertreter können zusätzliche Tagesordnungspunkte auf die Tagesordnung bringen, müssen aber dazu die vorgegebenen Fristen einhalten, damit genügend Vorbereitungszeit für alle Gemeindevertreter und für das Amt verbleibt. Einzelne Gemeindevertreter haben davon öfter Gebrauch gemacht und die Tagesordnungen mit Themen ergänzt oder mit ausführlichen politischen Meinungsbekundungen erweitert. Es gab in diesem Zusammenhang kurzfristige Anträge bzw. Vorlagen, bei denen weder das Amt noch der Bürgermeister bei der Sitzungsvorbereitung am eingereichten Betreff erkennen konnten, worum es sich eigentlich handeln könnte. Andere Vorlagen einzelner Gemeindevertreter umschrieben ausführlich ein gemeindliches Thema, enthielten aber keine Beschlussvorlage. Da bei der Sitzungsvorbereitung mit dem Amt jedoch entschieden werden muss, ob ein Thema in öffentlicher oder in nichtöffentlicher Sitzung behandelt werden soll, war häufig ein Streit mit den beantragenden Gemeindevertretern schon bei der Abstimmung der Tagesordnung vorprogrammiert.

Alle Tagesordnungspunkte, bis auf die oben beschriebenen Meinungsbekundungen, werden durch das Amt vorbereitet und mit einer Beschlussvorlage sowie mit notwendigen Unterlagen versehen. Bei Anträgen von Fraktionen und Gemeindevertretern hat sich das Amt mit eigenen Stellungnahmen und Voten mitunter schwergetan.

Solche zusätzlichen Anträge wurden zumeist durch die Antragsteller selbst mündlich vorgetragen und begründet, ohne dass das Amt z. B. eine finanzielle Abwägung oder eine fachliche Bewertung vorgenommen hatte.

Vom Amt selbst vorbereitete Beschlussvorlagen können sehr umfangreich ausfallen. Wir haben Tagesordnungspunkte behandelt, die mehr als 150 Seiten umfassten. Hier sind nicht nur die jährlichen Haushaltspläne als Beispiel zu nennen, sondern auch andere umfangreiche Gemeindepläne: Brandschutzbedarfsplan, Haushaltsabschlüsse, B-Pläne und Stadt-Umland-Konzepte beispielsweise.

Vorgänge und Themen, die nach Aufarbeitung und Bearbeitung durch das Amt die Gemeindevertretung als Beschlussempfehlung erreichen, waren häufig nicht nur sehr umfangreich, sondern auch juristisch komplex und erforderten oft Vorkenntnisse und Verwaltungserfahrung. Die Seitenzahl betrug im Durchschnitt aller Beschlussvorlagen und Protokolle ca. 100 Seiten pro Sitzung. Eine Vielzahl der Gemeindevertreter und der sachkundigen Einwohner in den Ausschüssen konnte in der Zeit bis zum Sitzungstermin diese Papiere gar nicht in ihrer Fülle und Komplexität und ohne beratende Einführung bewältigen. Das Amt war nur begrenzt in der Lage, über die schriftlichen Vorlagen hinausgehend beratende Mitwirkung in Ausschüssen und in der Gemeindevertretung zu ermöglichen. Die digitalisierte Übertragung aller Unterlagen auf die Dienstgeräte der Gemeindevertreter war in dieser Hinsicht auch keine große

Hilfe. Die Berufstätigen in der Gemeindevertretung oder in den Ausschüssen hatten kaum die Kraft und die Zeit, so viele Texte auf dem Tablet oder im Netz zu lesen und in ihrer Komplexität in allen Einzelheiten fachlich oder finanziell zu durchdringen. Es war für einzelne Akteure eine schlichte Überforderung. An dieser Stelle hätte ich mir mehr Hilfe und Beratung für die sachkundigen Einwohner und die Gemeindevertreter vor Ort durch die Verwaltung gewünscht. Wenn Mandatsträger entscheidungsbefähigt und -kompetent über Sachthemen einer Gemeinde abstimmen sollen, dann brauchen sie mehr Einführung und Beratung; ein ehrenamtlicher Bürgermeister kann dieses allein nicht bewerkstelligen.

Der Amtsverwaltung war immer daran gelegen, sich durch umfangreiche Beschlussvorlagen die Erfüllung ihrer Aufgaben abzusichern und somit den Vorwurf zu vermeiden, ohne Zustimmung der Gemeinde, eigenständig zu handeln. Da jedoch nicht alle Gemeindevertreter im Umgang mit langen Texten erfahren waren und viel Lesezeit zur Verfügung hatten, kam es mitunter auch vor, dass zu umfangreichen Tagesordnungspunkten nur einige wenige Gemeindevertreter entscheidungsbefähigt beschließen konnten. Es kam vor, dass Gemeindevertreter, die nicht die Zeit und die Muße hatten, die langen Beschlussvorlagen zu lesen und zu durchdringen, sich an dem Stimmverhalten anderer Gemeindevertreter orientierten oder begründungslos enthielten.

Tagesordnungen von Gemeindevertretersitzungen können sehr umfangreich sein und gliedern sich nach Vorgabe der Kommunalverfassung in einen öffentlichen und in einen nichtöffentlichen Teil. Grundstücks-, Personal- und Vergabe- bzw. Verkaufsangelegenheiten werden immer in nichtöffentlichen Sitzungen beraten und beschlossen. Den Umfang einer Tagesordnung kann ein Bürgermeister als Sitzungsleiter kaum beeinflussen. Etliche Tagesordnungspunkte werden eigenständig vom Amt eingebracht, weil zum Beispiel notwendige Vergabeentscheidungen im Rahmen großer Investitionen zu treffen oder Bauanträge zu votieren sind.

Länge und Anzahl der Beratungspunkte hängen unter anderem auch davon ab, wie hoch der finanzielle Ermächtigungsrahmen des Bürgermeisters ist, selbst Aufträge und Zahlungen auslösen zu können. Je niedriger ein solcher Ermächtigungsrahmen durch die Hauptsatzung der Gemeinde bemessen ist, umso mehr müssen Anschaffungen und Vergabeentscheidungen in der Gemeindevertretung entschieden werden. Der finanzielle Rahmen in unserer Gemeinde, den ich als Bürgermeister ausschöpfen durfte, umfasste vergleichbar anderer Gemeinden im Amtsbereich eine Summe von bis zu 1.000,00 Euro. Viele Aufträge und Zahlungen im Grün-, Pflege- oder Baubereich waren jedoch höher und mussten daher durch die Gemeindevertretung nach Vorlage des Amtes entschieden werden.

Das Amt begleitet und protokolliert die Gemeindevertretersitzungen. Es hat in Seehof lange gedauert, bis sich die Gemeindevertretung auf Grund sehr langer Wortprotokolle mit bis zu 30 Seiten dazu entscheiden konnte, reine Beschlussprotokolle mit vorangestellten Begründungen fertigen zu lassen. Wiederholt wurde ich mit dem Vorwurf konfrontiert, ich würde die Protokolle des Amtes gemeinsam mit dem leitenden Verwaltungsbeamten ändern bzw. manipulieren. Der Vorwurf gipfelte in einem öffentlich gemachten Antrag zur Änderung der Geschäftsordnung, darin hieß es unter anderem: „Ursache für Meinungsverschiedenheiten sind zumeist tendenziöse Berichterstattungen und der erste Zugriff des Bürgermeisters auf die Protokollentwürfe." Es gab in einigen Sitzungen unendlich lange Diskussionen zu den Protokollen – oft mit dem durchschaubaren Versuch, die Meinungsbildung der Gemeindevertretung im Nachhinein durch Protokolländerung bzw. Erweiterung zu beeinflussen. Das Amt hat sich auf solche beschlussändernden Protokollanträge in keinem Fall eingelassen. Protokolle sollen den Sitzungsverlauf so wiedergeben, wie ihn der Protokollant verstanden und aufgeschrieben hat. Protokolle dienen nicht der Wiedergabe einer Meinungsproklamation einer Fraktion, einer Wählergruppe, des Bürgermeisters oder eines Gemeindevertreters. Es kommt in den Protokollen auf die Beschlüsse und das Abstimmungsergebnis an und im Detail nicht auf die Inhalte der zuvor geführten kontroversen Diskussionen. Ob die Gemeindevertretung Protokolle billigt, genehmigt oder beschließt ist letztlich nicht entscheidend, sondern erhöht lediglich bei einer Auseinandersetzung die Beweiskraft einer vom Amt protokollierten Entscheidung. Die Protokolle als Urkunde sind rechtskräftig, wenn der Protokollbeamte und der Sitzungsleiter sie unterschrieben haben. Die protokollierten Beschlüsse können danach zeitnah umgesetzt werden, ein Zuwarten bis zur nächsten Sitzung der Gemeindevertretung wäre unverantwortbar.

Der regelmäßige Tagesordnungspunkt der Billigung des Protokolls konnte in der Gemeindevertretung Seehof mehr als eine halbe Stunde in Anspruch nehmen und zu umfangreichen Diskussionen einhergehend mit heftiger Empörung einiger Gemeindevertreter führen. Die langen Diskussionen über Protokollführung durch das Amt spiegelt das Misstrauen einzelner Gemeindevertreter wider. Sie waren der Meinung, dass ihre politische Haltung bzw. ihre persönlichen Beiträge unzureichend im Protokoll wiedergegeben waren. Nach vier Jahren wurde deshalb eingeführt, dass Protokolle zeitnah nach den Sitzungen durch die Gemeindevertreter auf dem Amtsserver abgerufen werden können. Änderungs- und Ergänzungswünsche einzelner Gemeindevertreter müssen nunmehr schriftlich erfolgen und vor Versand der nächsten Sitzungsunterlagen dem Amt übersandt werden. Ein zweites Protokoll wird vom protokollführenden Amt nicht erstellt; Änderungen und Ergänzungen Einzelner werden zu einer für jedermann einsichtigen und vorangestellten Protokollbeilage.

Von Beginn an bestand in der Gemeindevertretung Einigkeit darüber, Sitzungen öffentlich zu übertragen. Es erschien allen Gemeindevertretern einerseits notwendig, Transparenz gegenüber den Einwohnern zu gewährleisten und andererseits, mehr Menschen für die Belange der Gemeinde zu interessieren. Es sollte nicht einer kleinen Minderheit von Besuchern der Sitzungen überlassen sein, allein ihre Eindrücke und Meinungen im Dorf zu verbreiten. Die Auswertungen dieser online-Übertragungen haben ergeben, dass im Durchschnitt zwischen 30 bis 100 Bürger und andere Interessierte die Sitzungen verfolgten; darunter nicht nur Einwohner, sondern auch Pressevertreter, Mitarbeiter des Amtes und des Landkreises. Diese öffentlichen Übertragungen waren zugleich Leid und Segen. Vor dem Hintergrund der vielen politischen Auseinandersetzungen und Streitigkeiten hatten sie zum Teil Event-Charakter für einige Zuschauer und führten bei einzelnen Gemeindevertretern zu Selbstdarstellungszeremonien. Durch die regelmäßige Sitzungsübertragung konnten viele Einwohner, die sonst nicht ins Gemeindehaus gekommen wären, die gewählten Gemeindevertreter jedoch an den Wortbeiträgen und ihrem Stimmverhalten sowie deren Befähigung, Haltung und Meinung näher kennenlernen und einschätzen. Wenn Einwohner aus mittlerer Distanz beobachteten, wie scheinbar alle Vertreter das Richtige und Beste für die Gemeinde wollten und sich dabei aber zugleich stritten, empörten, verletzten und beleidigten, war für die Zuschauer erkennbar, dass mit dem guten Willen einiger Gemeindevertreter etwas nicht stimmen konnte.

Ich würde mich nach den Erfahrungen mit der öffentlichen Übertragung von Gemeindevertretersitzungen immer wieder für einen solchen transparenten Weg entscheiden, um damit die Beteiligung der Bürger zu stärken und ihre Meinungsbildung zu befördern. Näheres dazu im Kapitel „Die Öffentlichkeitsarbeit und Transparenz".

Es hat wohl auch einzelne Zuschauer gegeben, die Sitzungen der Seehofer Gemeindevertretung zu Hause auf ihren privaten Endgeräten aufgezeichnet haben. Als Beweismittel für Aussagen, Zitate oder Beschlüsse sind solche privaten Aufzeichnungen jedoch nicht verwendbar.

Die Sitzungen der Gemeindevertretung in Seehof waren oft von Auseinandersetzungen und Streitigkeiten bestimmt. Gäste und Zuschauer gewannen bald den Eindruck, dass die Gruppe der in Seehof gewählten Vertreter nicht an einem Strang ziehen würden. Es ging häufig darum, die Position oder Meinung des Bürgermeisters, seines Stellvertreters oder des Amtes in Misskredit zu setzen oder partikulare Interessen und eigene Ziele durchzusetzen. Ein Zuschauer der Gemeindevertretung äußerte schmunzelnd, dass im Dorf Seehof offenbar die große Bundespolitik kopiert wird, als wenn „ … die Atommacht Seehof aus der Nato austreten will." Vehement wurde mit zur Schau gestellter Empörungskultur über letztlich gering bedeutsame kommunale Themen diskutiert. Der Andersdenkende in der Gemeindevertretung war oftmals kein Dialogpartner mehr, sondern wurde als der böse Feind wahrgenommen, den man mit aller Macht zum Schweigen bringen müsse. Demokratie lässt sich aber nicht im Aggressionsmodus umsetzen und von daher haben etliche Besucher der Gemeindevertretung über den Sitzungsverlauf den Kopf geschüttelt.

Einige Gemeindevertreter veröffentlichten ihre eigenen Anträge oder Vorhaben vor Versand der Sitzungsunterlagen im Dorf. Je populärer ein Antrag oder eine Beschlussvorlage war, um so breiter wurde sie zuvor öffentlich gemacht. Beispielsweise wurden mehrmals in Statusmeldungen über WhatsApp Anträge oder Einschätzungen über die Beschlüsse der Gemeindevertretung online verteilt. Auf diesem Veröffentlichungswege sind allzu oft aus unbewiesenen Behauptungen Gerüchte entstanden und genährt worden. Der Versuch, die Tatsachen zu erklären und durch Fakten zu belegen, wurde Tage später nach Aufdeckung solcher initiierter Nachrichten und Meinungsbekundungen häufig nur als Rechtfertigung für zuvor getätigtes Fehlverhalten gewertet. Weiteres dazu in dem Kapitel „Anfeindung, Verleumdung, öffentliche Herabwürdigung".

In der Wahlperiode haben vier Gemeindevertreter ihr Mandat aus unterschiedlichen Gründen niedergelegt. Ein Gemeindevertreter war tief enttäuscht, dass über seine fachlichen Vorschläge und Ideen häufig gestritten wurde und sie keine Mehrheit fanden. Ein anderer Gemeindevertreter verließ die Gemeindevertretung wegen beruflicher Neuorientierung und Zeitmangel;

ein weiterer auf Grund der zunehmenden Digitalisierung der Arbeitsprozesse. Ein Mandat wurde wegen anhaltender Demütigung, öffentlicher Beleidigung und mangelnder Unterstützung der betreffenden Person niedergelegt. Diese Rücktritte wurden öffentlich wahrgenommen und warfen kein gutes Bild auf die Arbeit der Gemeindevertretung.

Beratende Ausschüsse und die Arbeit der sachkundigen Einwohner

Die Bildung von beratenden Ausschüssen, insbesondere eines Finanzausschusses, ist eine Pflicht nach der Kommunalverfassung. Über die Anzahl solcher Ausschüsse und die Anzahl der Mitglieder entscheidet eine Gemeindevertretung eigenständig und legt dieses in ihrer Hauptsatzung fest. Die Besetzung der Ausschüsse erfolgt ebenso nach den Grundsätzen der Verhältniswahl und soll grundsätzlich ein Abbild der Mehrheitsverhältnisse der Gemeindevertretung sein (Spiegelbildlichkeit). Dabei wird von dem Grundgedanken ausgegangen, dass die Bildung von Ausschüssen nur dann sinnvoll und für die Gemeindevertretung entlastend wirkt, wenn die Ausschussvorarbeiten und -empfehlungen wegen des parallelen Kräfteverhältnisses in den Ausschüssen dazu führt, dass auch in der Gemeindevertretung nicht alles von Neuem diskutiert und in Frage gestellt werden muss. Für große Kommunen mag das wohl auch richtig sein, aber gilt es auch für kleine Gemeinden? Hier sollte meines Erachtens die Sachkunde eines Ausschussmitgliedes ausschlaggebend sein und nicht sein Parteibuch oder die Zugehörigkeit zu einer Wählergruppe.

In der Gemeinde Seehof sind vier Ausschüsse gebildet worden: Neben dem Finanzausschuss gibt es einen Sozial- und Kulturausschuss, einen Umwelt- und Zukunftsausschuss sowie einen Ausschuss für Bau, Gewerbe und Verkehr.

Die Hauptsatzung legt fest, dass vier Gemeindevertreter und drei sachkundige Einwohner zu einem Ausschuss gehören. Zu den Grundsätzen dieser beratenden Ausschüsse gehört in Seehof ebenso, dass sie nicht öffentlich tagen. Die Ausschüsse können allerdings bedarfsgerecht Gutachter und andere Fachleute hinzuziehen. Der Bürgermeister kann, sofern er nicht selbst ein gewähltes Ausschussmitglied ist, an allen Ausschusssitzungen teilnehmen; gleiches gilt auch für die Mitarbeiter des Amtes.

Die Anzahl der beratenden Ausschüsse der Gemeinde Seehof wurde oft kritisiert. Vergleichbare Nachbargemeinden hatten mitunter nur zwei, höchsten drei, Ausschüsse. Bei einer kleinen Gemeindevertretung mit nur acht Sitzen, führten vier Ausschüsse dazu, dass alle Gemeindevertreter in mindestens zwei Ausschüssen tätig waren und weitere zwölf sachkundige Einwohner für die Ausschussarbeit gefunden werden mussten. Bald stellte sich jedoch heraus, dass die Besetzung durch die Gemeindevertreter selbst ein Problem war. Die Fraktion aus zwei Mitgliedern der gewählten Partei hat lange überhaupt an keiner Ausschussarbeit mitgewirkt, weil sie rechtliche Zweifel am Zustandekommen der Ausschüsse hatte und dies vor den Verwaltungsgerichten des Landes in mehr als vier Verfahren und zwei Instanzen beklagte. Nach drei Jahren erklärten zudem drei weitere Gemeindevertreter, nur noch in einem Ausschuss mitwirken zu wollen, weil ihnen die zeitliche Belastung als Berufstätige zu groß wurde.

Das führte dazu, dass Ausschüsse montagelang nicht ordnungsgemäß nachbesetzt werden konnten und sich die Gemeindevertreter in keinem der möglichen Verfahren auf eine Besetzung verständigen konnten.

Höhepunkt um die juristische Frage, wie Ausschüsse richtig zu besetzen sind, wenn nur eine Partei einen Wahlvorschlag unterbreitet, aber die Gemeindevertretung dieser einen Wahlliste die Zustimmung (Einvernehmen) verweigert, war eine rechtliche Weisung des Landkreises: Der Landkreis verlangte von der Gemeinde die Einsetzung des Ausschusses – auch ohne Zustimmung oder Wahl. Das konnte aus der Sicht einiger Gemeindevertreter nicht richtig sein und in der Folge wurden nun Einstweilige Rechtsschutzverfahren und Beschwerden vor den Verwaltungsgerichten eingereicht. Bei den Verfahren vor dem Oberverwaltungsgericht besteht jedoch der Zwang, sich anwaltlich vertreten lassen zu müssen; hier entstehen also Kosten für die Gemeinde.

Viele Seehofer Einwohner schüttelten über derlei juristische Streitigkeiten nur noch den Kopf und fragten sich besorgt, „*Wie konnte es unter den von uns Gewählten nur so weit kommen?*" Manche sagten laut, "*… anstelle die Sacharbeit in den beratenden Ausschüssen in den Vordergrund zu stellen, befasst sich die Gemeindevertretung unseres Dorfes seit Monaten nur mit juristischen Besetzungsfragen.*" Ein Besucher der Gemeindevertretung brachte es auf den Punkt: „*In Seehof besucht man keine Gemeindevertretersitzung, sondern eine Gerichtsverhandlung!*"

Die aktive Mitwirkung von mir als Bürgermeister in Ausschüssen wurde ebenso massiv kritisiert und juristisch angegriffen. Insbesondere die Tatsache, dass ich als unabhängig gewählter Bürgermeister, der keiner Partei oder Wählergruppe angehöre, in die Ausschüsse gewählt worden bin, verletzte nach Meinung einiger Gemeindevertreter die Spiegelbildlichkeit der Gemeindevertretung. Die Mitwirkungsfrage in Ausschüssen durch einen Bürgermeister wurde mehrmals fachaufsichtlich geprüft und als rechtmäßig erklärt. Gleichwohl wurden immer wieder Gemeindevertreter und Ausschussmitglieder durch schriftlich versandte Zweifel verunsichert und die Ausschussempfehlungen öffentlich in Frage gestellt. Solche permanent wiederkehrenden Bedenken lähmten die Ausschussarbeit und nahmen den ehrenamtlich Tätigen die Freude an ihrer Arbeit.

Sachkundige Einwohner für die Arbeit in Ausschüssen zu finden, war nicht ganz einfach, denn einerseits sollten die jeweiligen Einwohner Sach- und Fachkunde in die Ausschussarbeit einbringen können, anderseits aber wollten die unterschiedlichen Wählergruppen und die gewählte Partei die Ausschüsse mit möglichst vielen Anhängern besetzen, die auf den ursprünglichen Wahllisten nicht genügend Stimmen erhalten hatten, um selbst in die Gemeindevertretung zu kommen. Oft kam es auch vor, dass auf Mitwirkung angesprochene Einwohner den Kopf schüttelten mit den Worten: „ … *Ihr streitet mir zu viel, ich mach bei Euch nicht mit!"*

Die beratenden Ausschüsse sind mit sehr unterschiedlichen Aufgaben betraut. Während der Finanzausschuss vorrangig die Haushaltsaufstellung in den Monaten vor und nach dem Jahreswechsel begleitet und bei besonderen Grundstücks- und Feuerwehrangelegenheiten aktiv wird, ist der Sozialausschuss in den ersten Jahren fast sechswöchentlich zusammengekommen und mit einer großen Palette von Themen und Veranstaltungen beschäftigt gewesen. Da es in der Gemeinde keinen Heimat- oder Dorfverein gibt, ist die Mehrzahl der Feiern, Feste und Veranstaltungen – mit Ausnahme der jahreszeitlichen Feiern der Feuerwehr – vom Sozialausschuss und einer aktiven Helfergruppe vorbereitet und begleitet worden. Der Umwelt- und Zukunftsausschuss war vor allem konzeptionell tätig und legte Leitlinien für den öffentlichen Nahverkehr, den Ausbau von Sport- und Spielflächen und die mediale Präsenz der Gemeinde fest. Auch beschäftigte er sich mit Umweltthemen, der kommunalen Wärmeplanung und den in der Region tätigen Landwirtschaftsbetrieben.

Der Ausschuss für Bau, Gewerbe und Verkehr tagte zu Beginn der Wahlperiode regelmäßig, stellte jedoch nach Besetzungsstreitigkeiten seine Arbeit im vierten Jahr vollständig ein. Die Aufgaben dieses Ausschusses wurden notgedrungen durch die Gemeindevertretung übernommen. Insbesondere bei notwendigen Beratungen zu Bebauungsplänen fehlte im Vorfeld eine Erörterung in diesem Fachausschuss. Die Folge war, dass weitere Sitzungen der Gemeindevertretung anberaumt werden mussten und B-Pläne nicht fristgerecht ausgelegt und bechlossen werden konnten. Für ansiedlungswillige Investoren kam es somit zu erheblichen Verzögerungen und Mehrkosten.

Fazit: Die beratenden Ausschüsse bilden ein entscheidendes Fundament für die Mitwirkung der Einwohner bei Gemeindeangelegenheiten und für die Akzeptanz von Beschlüssen der Gemeindevertretung. Die Besetzung der Ausschüsse soll vorrangig durch die Fachkunde und durch die Bereitschaft zum gemeindlichen Engagement und nicht durch die Zugehörigkeit zu einer Partei und einer Wählergruppe bestimmt sein. Wenn parteipolitische Interessen von Ausschussmitgliedern die Sacharbeit und die Fachkunde überlagern oder gar ersetzen, geht die Professionalität und Akzeptanz der Ausschüsse verloren.

Die demografische Situation – generationsübergreifende Ziele

Dass das Land Mecklenburg-Vorpommern einen besonderen demografischen Wandel durchlebt, ist den meisten Menschen bekannt und wurde oft in den öffentlichen Medien beschrieben. In den drei Nordbezirken lebte Ende 1990 die jüngste Bevölkerung der DDR. Heute, über dreißig Jahre nach der politischen Wende, hat Mecklenburg-Vorpommern in Deutschland die älteste Bevölkerungsstruktur der Flächenländer. Ein solcher demografischer Wandel wird gerade in den Umlandgemeinden größerer Städte sichtbar, die zumeist Anfang der neunziger Jahre durch junge Familien und Eigenheime aufgesiedelt wurden. Ich beschreibe also im Folgenden ein Phänomen, das auch andere Umlandgemeinden kennen und das im Rahmen kommunaler Daseinsvorsorge auch von anderen Kommunen ausgestaltet werden muss.

Die Gemeinde Seehof ist eine älter werdende Gemeinde: Jährlich stehen – einmal im Bild gesprochen – ca. 100 Särgen nur 35 Wiegen gegenüber. Oder ein anderes Bild: In jedem zweiten Haus wohnt mindestens eine Person, die das 60. Lebensjahr bereits überschritten hat.

Derzeit leben in Seehof etwas mehr Erwerbsfähige (20 – 65 Jahre), als Menschen im Ruhestand (über 65 Jahre), der Unterschied beträgt ca. 10 %.

Die Gruppe derer, die in unserer Gemeinde zukünftig im Ruhestand leben, wird allerdings in den kommenden Jahren kontinuierlich größer und annähernd so groß wie der Bevölkerungsanteil der Erwerbstätigen.

Das hängt damit zusammen, dass die Bevölkerungsgruppe vor dem Ruhestandsalter in der Dekade 55 - 65 Jahre größer ist, als die Einwohnergruppe in der ersten Dekade nach dem Renteneintritt (65 - 75 Jahre). Es sind die sogenannten Babyboomer, die in den kommenden Jahren in das Rentenalter eintreten und auch in unserer Gemeinde die Proportionen verschieben werden. Hinzu kommen ca. 130 Menschen, die in der Gemeinde einen Zweitwohnsitz haben und in den vier Bungalowsiedlungen mehrmonatig wohnen und in der Regel auch das 65. Lebensjahr überschritten haben.

Die Gruppe der Hochbetagten wird somit auch kontinuierlich größer. Schon jetzt leben in der Gemeinde Seehof 7 % über 80-Jährige (die Einwohner des Seniorenheims nicht einbezogen).

Erfreulicherweise hat die Gemeinde in dieser Wahlperiode derzeit eine gute Geburtenrate zu verzeichnen, sodass in der hiesigen Kindertageseinrichtung zeitweise bereits die Betriebserlaubnis zugunsten von mehr Krippenplätzen geändert werden konnte. Diese erfreuliche Entwicklung wird jedoch nicht die Überalterung unseres Dorfes aufhalten, allenfalls verzögern. Da die Gesamtfläche der Gemeinde Seehof äußerst klein ist (4,3 Quadratkilometer), die Gemeinde kaum eigenes Land für eine weitere Bebauung besitzt und die Budgets für neue Wohneinheiten in einem Stadt-Umland-Konzept mit den Nachbargemeinden und der Landeshauptstadt ohnehin auf 23 neue Wohneinheiten begrenzt wurde, wird es langfristig keinen außergewöhnlichen Zuzug junger Familien in neue Eigenheime geben. Der Generationenwechsel (Verjüngung) in der Gemeinde vollzieht sich somit aus dem Bestand durch Wohnungs- und Hauswechsel bzw. durch Hausverkauf oder Vererbung. Eine Entwicklung, die langsam, aber stetig vonstattengehen wird.

Wie entwickelt sich nun eine Gemeinde mit immer mehr älteren Bürgern? Diese Frage war für die Wahlperiode 2019 bis 2024 von besonderer Bedeutung, weil sich durch eine Überalterung langfristige Auswirkungen für das Zusammenleben der Bürger einstellen und somit die Gemeinde prägen werden. Es gibt in der Fachliteratur und in den zusammenfassenden Berichten der Enquetekommissionen des Landes Mecklenburg-Vorpommern hierzu viele Anregungen und Berichte, die ich hier nicht wiederholen oder ausführen möchte. (siehe: Enquetekommission des Landtages MV „Älter werden in Mecklenburg-Vorpommern"). Deutlich ist am Beispiel der Gemeinde Seehof zu erkennen, dass nur ein Bündel von mehreren Maßnahmen, die die Nahversorgung mit Gütern des alltäglichen Bedarfs, den Nahverkehr, die medizinische oder soziale Versorgung sowie die infrastrukturelle Verbesserung von gemeindlichen Einrichtungen wie Straßen, Gehwegen, Plätzen und Erholungsorten umfassen, die Lebensqualität aller Generationen erhalten kann.

Zwei Themen, die für mich in Seehof von Bedeutung sind, möchte ich hier beispielhaft nennen: Das Ehrenamt von Menschen in der Phase nach dem Renteneintritt und die Situation der Hochbetagten in der Gemeinde.

Ehrenamtlichkeit im Alter:

Menschen, die zwischen dem 63. und 67. Lebensjahr in den Ruhestand eintreten, fühlen sich heutzutage nicht alt und gebrechlich. Im Vergleich zum frühen Industriezeitalter sind die Menschen mit Eintritt in diese Lebensphase kaum noch ausgepowert und zumeist noch gesund. Sie verfügen häufig über erstaunliches Wissen und berufliche Erfahrung, von der sie selbst meinen, dass beides mit dem Eintritt in den Ruhestand nicht ungenutzt verschüttet werden sollte. Ich habe viele Mitmenschen erlebt, die nach einer ersten Phase des Reisens und der Intensivierung familiärer Kontakte das Bedürfnis verspürten, sich nochmals zu engagieren. Solche ältere Mitmenschen können sich nochmals kraftvoll in Sportgemeinschaften, Kulturkreisen, Kirchengemeinden, musischen oder handwerklichen Zirkeln, sozialen Gemeinschaften und in Kommunen einbringen. Oft bestehen Vereine/Kreise und ihre Vorstände, insbesondere im Kulturbereich, weit überwiegend aus älteren Mitbürgern; die 55 bis 65Jährigen gelten in solchen Gemeinschaften mitunter noch als die Jüngeren oder als der Nachwuchs.

Mir wurde als Bürgermeister schnell klar, dass auch in unserer Gemeinde eine solche unentdeckte Ressource schlummert. Es bedurfte mitunter nur einer kleinen Anregung oder des Hinweises auf freie Zeiten in den Räumlichkeiten des bislang wenig genutzten Gemeindehauses, damit interessierte Einwohner aus der Anonymität heraustraten, um sich in die Gemeinde einzubringen. Dabei ging es diesen Mitbürgern nicht vorrangig darum, die Gemeinde zu unterstützen, als vielmehr darum, etwas für sich selbst und ihre Mitmenschen zu tun. Innerhalb von wenigen Jahren verdreifachten sich die Freizeitangebote im Gemeindehaus. Es kam, neben bereits bestehenden sportlichen, gesundheitlichen und jugendgemäßen Angeboten, nun zu weiteren musisch-kulturellen und handwerklichen Initiativen, um die sich etliche Mitbürger scharten. Die regelmäßige Veröffentlichung dieser Angebote in den Schaukästen, auf der Homepage und in den Bürgermails erhöhten zudem noch die Zahl der Teilnehmer und Interessierten. Die Gemeinde hat die Räumlichkeiten des Gemeindehauses zumeist kostenfrei oder gegen ein sehr geringes Entgelt zur Verfügung gestellt, auch wenn sich der Reinigungs-, Pflege- und Erhaltungsaufwand für die Gemeindearbeiter damit erheblich erhöhte.

Zu den Hochbetagten in der Gemeinde

In der demografischen Forschung werden die über 85Jährigen zumeist zu den Hochbetagten gerechnet. Auch diese Gruppe wird, wie oben beschrieben, in der Gemeinde Seehof stetig größer (Altersgruppen im Seniorenheim bleiben dabei unberücksichtigt).

Es sind vor allem langjährige Einwohner der Gemeinde, denen sich in den 70er Jahren des vorigen Jahrhunderts die Möglichkeit bot, in Seehof zu bauen und wohnhaft zu werden. Auch in den Eigenheimsiedlungen aus dem Anfang der 90er Jahren haben viele Einwohner bereits ein Alter jenseits des 70. Lebensjahres erreicht. Allen gemeinsam ist, dass sie berufliche und soziale Erfahrung sowohl vor als auch nach der Wende gesammelt haben. Ich war, nebenbei bemerkt, oft gut beraten, gerade diese älteren Mitbürger um Rat und Einschätzung zu bitten, denn ihr Weitblick erhob sich zumeist über das alltägliche Klein-Klein der gemeindlichen Problemlagen.

Etliche dieser Mitbürger leben in Einfamilienhäusern, die nicht alters- oder behindertengerecht gebaut sind und bauseitig noch den üblichen DDR-Standards entsprechen. So sind z. B. die erste Etage in einigen Straßenzügen als Hochparterre ausgeführt worden und die Wohnungen nur über eine mehrstufige Außentreppe zu erreichen, Türen sind sehr eng bemessen und die sanitären Einrichtungen der Häuser häufig nicht seniorengerecht ausgebaut. In Gesprächen mit den Einwohnern solcher Häuser habe ich oft verdeckte Klagen oder Befürchtungen gehört: *„Was soll nur werden, Herr Bürgermeister, wenn wir noch älter werden, wir schaffen es doch jetzt schon nicht mehr, alles in Ordnung zu halten. "* Kinder oder nähere Verwandte dieser Hochbetagten leben oft nicht in der Nähe und zählen häufig zu der Kindergeneration, die um die Wende herum das Land Mecklenburg-Vorpommern verlassen hat wegen besser Verdienst- und Karrierechancen in anderen Teilen Deutschlands. Große Familienverbünde, die für diese Senioren soziale Stabilität und Fürsorge gewährleisten könnten, gibt es auch kaum noch; Geschwister, Cousins oder Cousinen leben häufig nicht mehr und die Kinder und Enkel leben wie erwähnt weit verstreut.

Das bedeutet, dass etliche dieser über 80-Jährigen sehr einsam leben und kaum noch soziale Kontakte pflegen. Sie nehmen an gemeindlichen Veranstaltungen wenig bis gar nicht mehr teil und soziale Vereine und Initiativen gibt es in der Gemeinde kaum noch, die solche Einsamen und abseits Lebenden besuchen. Ein „Besuchskreis", wie ihn manche Kirchengemeinden haben, wäre zum Bespiel dringend notwendig. Bei den wenigen Geburtstagsbesuchen und anlässlich runder Jubiläen, habe ich die bedrückende Atmosphäre der Einsamkeit und des Verlassenseins dieser Menschen gespürt.

Die Sorgen der Hochbetagten konnte ich sehr gut nachvollziehen und so entstand die gemeinsame Idee im Sozialausschuss, gerade diesen Mitbürgern, die nicht zu ihren Kindern ziehen oder die Gemeinde verlassen wollen, seniorengerechte Wohnungen im Ort anzubieten. Demografisch betrachtet wurde uns klar, dass ein solches Projekt des seniorengerechten Wohnens ebenso dazu führen würde, die Gemeinde aus dem Bestand heraus zu verjüngen: Umso mehr hochbetagte Einwohner sich entscheiden würden, ihr Anwesen zu veräußern und in örtlich naheliegende seniorengerechte Wohnungen zu ziehen, desto mehr Häuser würden frei für junge Familien mit Kindern.

Diese Erkenntnis hatten auch andere Gemeinden bereits und bauten vergleichbare Einrichtungen. In Seehof war jedoch den Gemeindevertretern diese Idee schwer nahezubringen. Entweder waren die Gemeindevertreter zu jung, um die Problematik zu erkennen oder hatten auf Grund ihres Wohlstandes bereits selbst Vorsorge für den Altersfall getroffen. Manche hielten aber auch die voraussichtliche Miete einer solchen privat finanzierten Einrichtung für viel zu hoch und konnten sich nicht vorstellen, dass Bürger unseres Dorfes bereit wären, solche Ausgaben zu tätigen. Ein Gemeindevertreter behauptete mehrmals öffentlich, diese Lieblingsidee des Bürgermeisters und des Sozialausschusses braucht die Gemeinde nicht und schlussfolgerte daher öffentlich, die Bürgerinnen und Bürger davor zu schützen. Die mehrmals wiederholte Behauptung, dass die zum seniorengerechten Wohnen gefassten Beschlüsse der Gemeindevertretung bereits gekippt seien, bleibt angesichts protokollfester Beschlüsse schlicht unwahr.

In Fachkreisen und unter Fachpolitikern sind meine Überlegungen zum seniorengerechten Wohnen und zur Altersstruktur der Gemeinde sehr positiv aufgenommen und diskutiert worden. Gleichwohl kam ich zu dem Schluss, dass in dieser Wahlperiode und mit den derzeit gewählten Gemeindevertretern das Projekt eines seniorengerechten Wohnens nicht mehr umzusetzen ist und ich zitiere hier darum abschließend die bittere Schlussfolgerung einer älteren Dame mit den Worten: „… *Gemeindevertreter, die selbst in abbezahlten Schlössern wohnen, haben für solche älteren Menschen wie wir es hier sind, kein Verständnis.* "

Ich möchte noch eine weitere Beobachtung in einer älter werdenden Gemeinde wagen: Sie kennen sicher das bekannte Volkslied *„Hab mein Wagen vollgeladen"*. Dort wird auf lustige Art und Weise ein Kutscher beschrieben, der zunächst ältere Damen und dann ältere Herren in die Stadt fährt, die jedoch während der Fahrt keiften, murrten und schalten. Der Kutscher kommt hernach zu dem Schluss, solche Herrschaften nicht mehr zu transportieren. Vielmehr möchte er dagegen junge und singende Mädchen in die Stadt fahren. Ich denke, etliche von Ihnen kennen dieses kleine Lied und können den Wunsch des Kutschers nachvollziehen.

Wie dem Kutscher ging es mir hin und wieder auch als Bürgermeister. Ältere Mitbürger können mitunter von einer Unzufriedenheit über sich und die Welt geprägt sein, dass jegliches gemeindliche Bemühen und helfende Hinwendung oder sachgerechte Informationen von ihnen als sinnlos abgetan werden mit den Worten: *„Früher hat es hier so etwas nicht gegeben!"* Zu Beginn meiner Amtszeit habe ich gehofft, dass man diesen wenigen unzufriedenen älteren Mitbürgern durch zusätzliche Hilfeleistung, durch altersgerechte Angebote, durch freundliche Worte und fürsorgliche Hinwendung begegnen kann. Ich habe jedoch erkannt, dass die Unzufriedenheit mancher Mitmenschen gar nichts mit der Gemeinde oder gar mit meiner Person zu tun hat. Vielmehr wurde mit dem Hinweis auf die bessere Vergangenheit geklagt, weil derjenige selbst sich als ungenügend und hinfällig im Vergleich zu seiner eigenen Vergangenheit und Jugendzeit erlebt. Öffentliches Jammern als Ventil für die eigene erlebte Lebensunzufriedenheit und abnehmende Toleranz erscheint dann wie ein Muster zur Bewältigung des eigenen Lebens – und wohl nicht nur in Seehof.

Gemeinde oder Dienstleistungsunternehmen

Bereits zuvor hatte ich beschrieben, warum sich in der Gemeinde Seehof, vergleichbar anderen Dörfern, keine traditionelle Dorfgemeinschaft ausbilden konnte und warum die meisten Einwohner keine gemeinsame Geschichte teilen. In diesem Abschnitt möchte ich eine weitere Folge hieraus darlegen, die man auch mit dem Wort „Entpflichtung" beschreiben könnte.

In dem Wort Kommune ist das lateinische Wort „communis" enthalten – also die Wortbedeutung von „gemeinschaftlich", „allgemein öffentlich" – „mehr als das einzelne Ich". Die Worte Gemeinde oder Kommune betonen das Gemeinsame und Gemeinschaftliche – eben eine Zusammengehörigkeit. In einer funktionierenden Gemeinschaft (Kommune) gibt es so etwas wie eine ungeschriebene Pflicht zur Gegenseitigkeit und zum Beistand. Die Sozialstaatlichkeit in unserem Land baut auf die Nachrangigkeit öffentlichen Handels zugunsten gemeinschaftlicher Hilfe und Unterstützung und lebt davon, dass wir einander helfen und stützen – in der Familie, im Freundeskreis, in der Nachbarschaft, im Kiez .... . Der Staat soll erst dann in die Pflicht genommen werden, wenn solche vorrangigen Unterstützerkreise nicht mehr helfen können; das ist der Kern der Subsidiarität der Sozialpolitik in Deutschland.

Mir ist aufgefallen, dass der Staat (und dazu zählen auch unsere Gemeinden) zunehmend wie ein Dienstleistungsunternehmen betrachtet wird, auf deren Leistungen ein Jedermann/-frau einen Rechtsanspruch hat. Richard David Precht schreibt in seinem 2021 bei Goldmann-München erschienen Buch „Von der Pflicht", dass sich viele Bürger zunehmend als Kunde oder Konsument einer Gemeinde / eines Staates sehen, „ … *der stets eines will: für sich das Beste. Tut der Staat nicht das, was ich von ihm erwarte, kündige ich meinen inneren Vertrag mit ihm und entpflichte mich vom Gemeinwohl.*" (Seite 57).

Ein Bürgermeister wird demnach wie ein Geschäftsführer eines Dienstleistungsunternehmens betrachtet, da man ja schließlich Steuern zahlt und meint, somit einen Anspruch auf jegliche Leistung bei ihm einklagen zu können. Gegenüber einer öffentlichen Verwaltung mag dieses zum Teil richtig sein, aber ein ehrenamtlicher Bürgermeister ist allenfalls ein Mittler zwischen Bürger und Verwaltung; er ist kein Teil der Verwaltung. Er nimmt diejenigen Aufgaben wahr, die eine Amtsverwaltung nicht leisten kann: für ein Gemeinwohl zu sorgen, das von gegenseitiger Verantwortung, Hilfe und ehrenamtlichem Engagement geprägt sein sollte. Gerade in Krisenzeiten kann er derjenige sein, der wie ein Seismograf frühzeitig anzeigt, was nötig ist und wo im weitesten Sinne Hilfebedarf in der Gemeinde und bei einzelnen Bürgern besteht. Ein ehrenamtlicher Bürgermeister kann, frühzeitiger als jede Verwaltung, auf Fehlentwicklungen oder Bedarfe hinweisen. Er hat keine ordnungsrechtlichen Befugnisse und ist auch nicht für die Umsetzung von Beschlüssen zuständig, sondern zu allererst den Einwohnerinnen und Einwohnern seiner Gemeinde verpflichtet.

Je mehr es gelingt, in einer Dorfgemeinschaft positive Werte in Freizeitgruppen, bei Festen und Veranstaltungen, in Arbeitsgruppen und Ausschüssen, in Sport und Feuerwehr etc. zu erproben und zu leben, umso besser kann es um die eigene positive Werteausstattung der Einwohner insgesamt bestellt sein. „Je mehr Frustrierte sich zu Frustrierten gesellen,", schreibt Precht in seinem o.a. Buch, „umso größer werden Aggression wie Neid, Wut und Hass." Wenn man in einer kleinen Gemeinde nicht mehr im Gespräch ist und die faire Auseinandersetzung mit dem Mitbürger oder politisch Andersdenkenden meidet, leidet die „communis" und Mitmenschen ziehen sich zurück.

In Seehof hat es dahingehend nur kleine Erfolge gegeben. Zwar haben sich in den letzten vier Jahren einige Freizeit- und Gesprächsgruppen gebildet und einzelne Mitbürger engagiert, aber die allgemeine Unzufriedenheit, die naturgemäß nur wenig mit der eigenen Gemeinde zu tun hat, lässt sich angesichts zunehmender Politikverdrossenheit und unbestimmter Zukunftsangst einer großen Mehrheit kaum noch abstellen. Umso weniger man auf bewährte Traditionen für Konfliktlösungen zurückgreifen kann oder umso weniger es Gelegenheiten gibt, sich zwanglos bei Spiel, Spaß und Freude bei Feiern oder am Lagefeuer zu begegnen, umso größer wird die Verbiesterung oder der Rückzug ins Private: *„Ich selbst bin mir die wichtigste Person – was geht mich mein Nachbar an!"*

Als Bürgermeister habe ich aber auch viel Dankbarkeit und Ermutigung erlebt. Solche Rückmeldungen erreichten mich oft in Mails und in etlichen Bürgergesprächen sowie bei Hausbesuchen anlässlich von Geburtstagen und Jubiläen. Vor dem Hintergrund vieler Konflikte in der Gemeindevertretung waren solche Rückmeldungen von Einwohnern eine Stärkung für mich und vermittelten mir, auf dem richtigen Weg zu sein. Häufig waren Einwohner auch überrascht, wie zeitnah ich als Bürgermeister auf Anfragen und Beschwerden reagiert habe. Mit einer kurzen Antwort oder einer fachgerechten Vermittlung zum Amt konnten viele Sorgen und Anfragen von Einwohnern somit unkompliziert gelöst werden. Meine Erfahrung ist daher ganz einfach: Ein Bürgermeister als „Mittler" beweist sich nicht durch große Projekte, Reden, Zeitungsartikel oder durch juristische Auseinandersetzungen, sondern durch die Nähe, die er zu den Einwohnern hat.

Anfeindung, Verleumdung und öffentliche Herabwürdigung

In einem Telefongespräch mit der Unteren Rechtsaufsichtbehörde eines Landkreises äußerte eine dortige Mitarbeiterin sinngemäß: *„Als gewählter Bürgermeister stehen Sie nun mal in der Öffentlichkeit und müssen ein gewisses Maß an Angriffen aushalten."*

Aber wie viel muss man an öffentlicher Anfeindung, Verleumdung und gezielter Herabwürdigung aushalten? Wann ist das Maß voll und man folgt dem Rat im familiären und privaten Umfeld: *„Leg´ dein Amt endlich nieder, du machst dich doch kaputt und keiner dankt es dir!"* In den letzten Jahren habe ich etliche Amtsträger und ehrenamtliche Bürgermeister erlebt, die wegen fortschreitenden Streites und öffentlicher Anfeindung ihr Engagement für ihre Gemeinde aufgegeben haben. Aber muss es soweit kommen?

Zunehmend habe ich festgestellt, dass mein gutgemeinter Ansatz, mich in den ersten Jahren meines Ruhestandes für das Wohl der Gemeinde nochmals ehrenamtlich zu engagieren, mir letztlich Schaden zugefügt hat. Mein persönlicher Ruf und meine Ehre wurden durch einzelne Gemeindevertreter und mit ihnen sympathisierende Bürger beschädigt und öffentlich herabgewürdigt. Wie ich inzwischen weiß, sind meine Erlebnisse vielfach beispielhaft für Menschen, die sich ehrenamtlich in der Politik engagieren. Meine Erlebnisse in den letzten viereinhalb Jahren sind kein Einzelfall – ich weiß von anderen Bürgermeistern und

Amtsträgern, die Ähnliches erlebt haben. Ich bin in den vergangenen Jahren nicht den leisen und wohl auch leichteren Weg des Verschweigens und der Scham gegangen und habe die Anfeindungen und Verletzungen nicht in mich hineingefressen und mich innerlich zurückgezogen. Vielmehr habe ich über diese öffentlichen Beschädigungen und Anfeindungen meiner Person und der Rolle des Bürgermeisteramtes mit den Verwaltungen, dem Landrat und anderen Bürgermeistern klar und unmissverständlich gesprochen.

Bevor ich nun im Einzelnen die öffentlichen Anfeindungen und Beschädigungen am Beispiel meiner Person und an der Rolle des Bürgermeisters beschreibe, erlaube ich mir, die Methoden und Formen einer bewusst herbeigeführten und absichtsvoll initiierten Herabwürdigung und Anfeindung allgemein zu beschreiben:

Die Herabwürdigung eines Menschen ist die systematische Diskreditierung seines öffentlichen Rufes, seines Ansehens und des Prestiges eines Menschen auf der Grundlage miteinander verbundener wahrer und überprüfbarer Angaben mit unwahren, diskreditierenden, nicht widerlegbaren Behauptungen. Dabei werden vermeintliche berufliche und gesellschaftliche Misserfolge und Fehler zur Untergrabung des Selbstvertrauens genutzt und wenn notwendig und politisch geboten dementsprechend organisiert. Herabwürdigung und Diffamierung gedeihen gut in einem Klima von Misstrauen, Argwohn und gegenseitiger Verdächtigung innerhalb einer Gruppe oder Organisation. Gerüchte und Halbwahrheiten werden bei ausgewählten Personen oder in sozialen Netzwerken platziert und unüberprüfbar als Neuigkeit oder angebliche Wahrheit in Umlauf gebracht. Ideale, Vorstellungen und Pläne werden vielfach systematisch untergraben, mitunter verdreht, öffentlich lächerlich gemacht oder perspektivisch angezweifelt. Rivalitäten oder Meinungsverschiedenheiten werden bewusst ausgenutzt und verstärkt sowie eventuelle persönliche Schwächen zielgerichtet öffentlich benannt.

In der politischen Kultur von Parlamenten sowie in öffentlichen Veranstaltungen und zuletzt gerade bei Demonstrationen erkennbar, sind uns solche Anfeindungen zwischen politischen Gegnern und ebenso zwischen Bürgern und Politikern bekannt. Zunehmend wird auch auf der kommunalen Ebene mit den Methoden der Empörung und der Anfeindung medienwirksam jongliert. Im Amts- und Kreisbereich hat es in einigen Gemeinden Vorfälle und Verunglimpfungen von Mandatsträgern gegeben, die erkennen lassen, dass auch auf dieser kommunalen Ebene der Anstand und kommunikative Spielregeln zunehmend missachtet werden. Die Leidtragenden sind oft diejenigen, die nicht aus Eigennutz solche Ehrenämter angenommen, sondern ehrlichen Herzens das Gemeinwohl im Blick haben. Sie sind diejenigen, die nicht gewappnet sind gegen Verleumdungen, Gerüchte und der öffentlichen Darstellung von vermeintlichen eigenen Schwächen oder Fehlern.

Initiiert vom Bundesministerium des Innern sowie des Bundesministeriums für Bildung und Forschung und mit Unterstützung des Bundeskriminalamtes in Zusammenarbeit mit dem Deutschen Städtetag, dem Deutschen Landkreistag sowie dem Deutschen Städte- und Gemeindebund wurde ein kommunales Monitoring zu Hass, Hetze und Gewalt gegenüber Amtsträgerinnen und Amtsträgern eingerichtet. Demnach haben die Hälfte der Bürgermeisterinnen und Bürgermeister in Deutschland im Rahmen ihrer Tätigkeit schon einmal selbst Beleidigungen, Bedrohungen oder tätliche Übergriffe erlebt. Betroffen sind Amtsträgerinnen und -träger in Städten, Landkreisen über alle Bundesländer hinweg und zwar unabhängig von Alter, Geschlechts- oder Parteizugehörigkeit. Nach Hinweisen des Amtes und der kommunalen Spitzenverbände in Mecklenburg-Vorpommern habe auch ich mich gemeinsam mit anderen ehrenamtlichen Bürgermeistern an diesem Monitoring beteiligt. Ich wollte die öffentlichen Verleumdungen und Angriffe durch einzelne Gemeindevertreter und Bürger nicht für mich behalten und habe meine Erfahrungen und Beispiele in dieses Monitoring faktenbezogen eingebracht.

Tätliche Angriffe, wie zum Beispiel Bedrängen, Wegschubsen und Schlagen, habe ich nicht erlebt, aber dafür Beleidigungen, üble Nachrede und Verleumdung.

Das Ausmaß und die Art und Weise des von mir erlebten Anfeindungsgeschehens hat sich belastend auf meine Tätigkeit als

Bürgermeister ausgewirkt. So entwickelte sich bei mir eine zeitweise Distanz gegenüber den Bürgerinnen und Bürgern, weil ich vermutete, jeder im Dorf hätte die verleumdenden Äußerungen und Hassbotschaften in den sozialen Medien gelesen und schaue nun besonders auf mich. Ich brauchte lange, um zu erkennen, dass die Verursacher solcher Hassbotschaften und Verleumdungen nur eine kleine, aber laute Minderheit im Dorf sind und die meisten Mitbürger solche Anfeindungen ablehnen und verurteilen oder gar nicht wahrnehmen. Die Verfasser von online initiierten Hassbotschaften feierten ihre Kurzbotschaften als Event der eigenen Eitelkeit und hatten offenbar Freude an dieser Form von verstreutem Hass. Sie erkannten kaum, welche Rückschlüsse die Empfänger über die Verfasser daraus zogen und auf wie viel Ablehnung sie stießen.

Demokratie wird eben nicht mittels WhatsApp gemacht oder umgesetzt. Wer aber ständig Hass sät, ist wie einer, der täglich Gift zu sich nimmt und hofft, dass sein Gegner daran kaputt geht. Als Ernte fährt man nur Argwohn und Misstrauen ein.

Ebenso beobachtete ich, dass das öffentliche Anfeindungsgeschehen gegen mich und gegen andere Gemeindevertreter engagierte Bürger von Diensten in der Gemeinde abschreckte: *„Wenn ihr so miteinander in der Gemeinde umgeht, dann will ich lieber nicht bei euch mitmachen!"* – war ein mehrfach gehörter Satz. Die Wahrnehmung eines raueren Umgangstons, insbesondere in Gemeindevertretersitzungen und in öffentlichen Kommentaren auf der Homepage in Verbindung mit dem konkreten Erleben eines intensivierten Anfeindungsgeschehens gegen meine Person, wirkt sich somit auch negativ auf das Engagement von Ehrenamtlichen in der Gemeinde aus. Dies ist insofern hinderlich, als die Beschlüsse der Gemeindevertretung in ihrer Umsetzung unmittelbar für die Einwohner und in ihrem Alltag greifbar und erlebbar werden. Die ehrenamtlich Tätigen haben dabei eine wichtige Scharnierfunktion zu den Bürgern.

Beispiele bzw. Erfahrungen:

Periodisch wurden über mich und zum Teil auch über meinen Stellvertreter über 40 herabwürdigende und ehrverletzende Statusmeldungen in WhatsApp veröffentlicht. Vielfach wurden gemeindliche Vorhaben, Beschlüsse und Bürgermeisterentscheidungen zum Anlass genommen, Rechtsaufsichtsbeschwerden beim zuständigen Amt bzw. beim Landkreis und mitunter auch beim Innenministerium des Landes einzureichen, um darüber erneut bei WhatsApp zu berichten. In den sozialen Medien wurden noch nicht versandte Briefe an die Aufsichtsbehörden vorab veröffentlicht, um damit auf die eigene parteiliche Haltung aufmerksam zu machen.

Als Bürgermeister habe ich in den ersten drei Jahren eine Vielzahl von polizeilichen, staatsanwaltschaftlichen, rechtsaufsichtlichen und datenschutzrechtlichen Ermittlungsverfahren erleben müssen. Die Verfahren wurden durchweg ohne Anlass zur Eröffnung einer öffentlichen Klage eingestellt. Einige Vorgänge wurden auch mit einer hilfreichen Beratung durch die Ämter zu den Akten gelegt. Aber allein der öffentlich geäußerte Verdacht eines möglichen rechtswidrigen Verhaltens, verteilt über öffentliche Medien, ist wirkungsvoll beabsichtigt und in Umlauf gebracht worden. Die Prüfung und die Einstellung solcher Verfahren dauern oft sehr lange und sind dann zumeist nur noch von geringem öffentlichen Interesse und schon oft aus dem Blick der Öffentlichkeit verschwunden. Bei den Veröffentlichungen ging es nicht um beweisbare Sachverhalte, sondern darum, nicht belegbare Behauptungen und Mutmaßungen in einem möglichst großen Verbreitungskreis in Umlauf zu bringen. So wurden beispielsweise ehrverletzende und diskreditierende Beleidigungen über mich und andere Gemeindevertreter mit großem Verteiler in die Welt gesetzt wie zum Beispiel: „… *gefährliches Halbwissen unseres ehrenamtlichen Bürgermeisters gefährdet das Wohl der Gemeinde …"* Mein Stellvertreter wurde beispielsweise verleumdet durch die Äußerung in WhatsApp: „… *er verwirrt durch seine seltsame Rechtsauslegung nur die Bürger der Gemeinde Seehof."* Oder: „*Er spielt sich auf wie ein …. Oberlehrer, der meint über allem zu stehen – wie der liebe Herrgott. …"*

Ein zweites Beispiel macht deutlich, wie Fakten mit dem Ziel einer öffentlichen Herabwürdigung verdreht werden können:

In einem amtsweiten Entwicklungsausschuss wurde für eine begrenzte Anzahl von Gemeinden ein Modellprojekt zur Verbesserung des öffentlichen Personennahverkehrs (ÖPNV) beraten.

Es konnten an diesem Modellprojekt nur diejenigen Gemeinden teilnehmen, die an keinem regelmäßigen ÖPNV (Bus- oder Bahnverbindungen) angeschlossen waren. Die Gemeinde Seehof mit ihrem regelmäßigen Busverkehr in das Oberzentrum und zum Bahnhof konnte sich für dieses Projekt somit nicht bewerben und blieb daher ausgeschlossen. Die Gemeindevertreter waren zuvor über die Förderbedingungen des Modells gut unterrichtet worden. Dennoch wurde in einer von einigen Gemeindevertretern initiierten Postwurfsendung an alle Einwohner behauptet, die Gemeinde Seehof solle endlich am Modellprojekt teilnehmen, auch wenn der Bürgermeister dieses Projekt nicht unterstützen würde und ihn „... *nicht in die Geschichtsbücher bringen würde. ...* " Die Forderung an die Verfasser der Postwurfsendung nach öffentlicher Richtigstellung in zwei Schreiben des Amtsvorstehers erfolgte sogleich wenige Tage später und erläuterte nochmals klarstellend, dass die Gemeinde Seehof gar nicht am Modell teilnehmen könne. Aber die mehrfache Forderung des Amtsvorstehers nach einer Richtigstellung und Korrektur im gleichen Empfängerkreis wurde einfach negiert und nicht erfüllt.

Die simple Botschaft der Briefverfasser war: „*Der Bürgermeister setzt sich nicht für die Verbesserung des örtlichen Nahverkehrs ein*". Diese schlichte, aber unwahre Botschaft war in allen Haushalten angekommen, der amtlichen Aufforderung zur Richtigstellung wurde jedoch nie nachgekommen.

Unwahrheiten und Beleidigungen sind nicht Teil der geschützten Meinungsfreiheit, weil sie die Menschenwürde eines anderen antasten, besonders dann, wenn sie sich als vernichtende Herabwürdigung darstellen. Die Grenzen zulässiger Kritik sind bei Mandatsträgern möglicherweise weiterzuziehen als bei Privatpersonen. Sachbezogene Kritik an Mandatsträgern sollte sich hingegen nicht durch öffentliche Schmähungen äußern und die Ehre einer Person verletzen.

Herabwürdigungen und öffentliche Verleumdungen leben von der Erwartung, dass immer etwas bei den Menschen hängen und in Erinnerung bleibt. Oft Jahre später fällt Nachbarn und Mitbürgern ein: „da war doch damals was … na ja, irgendwas wird schon ´dran gewesen sein". Keiner weiß es mehr genau, aber ein Grundrauschen an Misstrauen und Argwohn bleibt. Eine Gemeinde, die ein solches Grundrauschen von Misstrauen und Argwohn über Jahre hinweg mehr oder minder öffentlich kultiviert und regelmäßig aktiviert, kann nur begrenzt vertrauensbasierte Demokratie praktizieren. Jeder gewählte Bürgermeister, Gemeindevertreter und zum sachkundigen Einwohner berufene Bürger muss befürchten, von diesem Grundrauschen an Misstrauen und Argwohn erfasst zu werden und wird mit Skepsis oder damit einhergehender und schleichender Demokratieverdrossenheit konfrontiert.

Schon vor ca. 120 Jahren wusste der französische Arzt Gustave Le Bon in seinem umstrittenen Buch „Psychologie der Massen", dass eine einfache Behauptung ohne Begründung und jeden Beweis ein sicheres Mittel ist, um einer Bevölkerung einen Zweifel einzuflößen. „*Je bestimmter eine Behauptung, je freier sie von Beweisen und Belegen ist, desto mehr Ehrfurcht erweckt sie.*" – schreibt Le Bon. Und genau das habe ich des Öfteren in den Sitzungen der Gemeindevertretung erlebt: Eine unwahre Behauptung entfaltet insbesondere dann ihren Einfluss, wenn sie mehrfach und öffentlich wirksam wiederholt wird, und zwar möglichst mit denselben Worten, Gesten und Ausdrücken von den gleichen Personen. Das ständig Wiederholte verfestigt sich in den Köpfen, so dass es schließlich zu einer unumstößlichen Wahrheit und Gewissheit wird und nährt somit ein Klima von Argwohn und Misstrauen. Das Wiederholte setzt sich fest und nach einiger Zeit haben die Zuhörer offenbar vergessen, wer der Urheber der unwahren Behauptungen war und glauben schließlich daran; schreibt Le Bon sinngemäß. Diktatoren und zweifelhafte Politiker kennen den Wert der immer ständig wiederholten Behauptung. Die Geschichte und die Gegenwart ist voll von diesen Beispielen: von der gestohlenen Wahl in den USA bis hin zur militärischen Sonderaktion in der Ukraine.

Welche Bedrohung von einem solchen Misstrauen und welche Wirkung von nicht bewiesenen Behauptungen ausgehen kann, zeigt ein weiteres Beispiel:

In der Kommunalverfassung ist ein Akteneinsichtsbegehren aller Gemeindevertreter geregelt, soweit dem nicht schutzwürdige Belange Betroffener oder Dritter oder zu schützende Interessen des Landes oder Bundes entgegenstehen. Die gewählten Vertreter einer Gemeinde sollen in Vorbereitung von Sitzungen und gemeindlichen Entscheidungen die Möglichkeit haben, Akten der Verwaltung einzusehen. Die Verwaltung hat die Pflicht, solche Sachakten zu öffnen.

In der Seehofer Gemeindevertretung wurden oft Ankündigungen zur Akteneinsicht bekannt gemacht, tatsächlich aber wurden nicht einmal 10% aller Ankündigungen zur Akteneinsicht realisiert. Allein jedoch die öffentliche Ankündigung einer solchen Akteneinsicht reichte aus, Verunsicherung und Argwohn unter den Gemeindevertretern, mitunter auch unter den Einwohnern und im Amt, zu stiften. Insbesondere war es dann der Fall, wenn in der Begründung zur Akteneinsicht Zweifel an der Rechtmäßigkeit einer Entscheidung gesät wurde oder angebliche Hintergründe oder mitwirkende Personen offenbart werden sollten. Ich habe es erlebt, dass Einwohner ihre Mitwirkung bei polizeilichen oder umweltrechtlichen Ermittlungen zurückgezogen haben, weil sie zuvor mit einem Akteneinsichtsbegehren bedroht wurden mit den Worten: „… *wir wollen die Anscheißer in der Gemeinde identifizieren und kennenlernen.*" Die Einwohner, die zuvor bereit waren, mit Zivilcourage Zeugenaussagen zu machen, zogen sich mit den Worten: „… *wir haben Angst bekommen und befürchten sozialen Unfrieden in der Nachbarschaft.*" zurück.

Aber wie kann man diesem negativen Grundrauschen an Misstrauen und Argwohn als Amtsträger und gewählter Gemeindevertreter entgehen? Wie kann es gelingen, mehr Vertrauen in die politischen Gremienarbeit auf kommunaler Ebene aufzubauen? Wie kann man unwahre und ständig wiederholte Behauptungen aus der Welt schaffen? Im letzten Kapitel dieses Buches „Ausblick – wie weiter in Seehof" und im Kapitel „Transparenz und Öffentlichkeitsarbeit" sind dazu einige Vorschläge genannt.

Gerichtsverfahren, Polizeieinsätze, Strafverfahren

Nach der Bürgermeisterstichwahl im Sommer 2019 und bevor ich meine Tätigkeit aufnahm, habe ich etliche Fragen an meine Vorgängerin und an das Amt gestellt, um mich auf den neuen Dienst vorzubereiten. So erfuhr ich unter anderem, dass noch zwei Gerichtsverfahren in der Gemeinde anhängig waren: Ein Verfahren zur Klärung eines Wegerechts und eine vor Gericht verhandelte Schadensforderung eines Einwohners gegen die Gemeinde. Letztere konnte ich noch im ersten halben Jahr durch einen Vergleich aus der Welt schaffen und die Sache somit befrieden. Jetzt, am Ende der Wahlperiode, ist auch das Verfahren zum Wegerecht nach sechs Jahren zugunsten der Gemeinde ausgegangen.

Einmalig im Vergleich zu anderen Gemeinden war jedoch, dass eine Vielzahl von Streitigkeiten in der Seehofer Gemeindevertretung im letzten Drittel der Wahlperiode vor den Gerichten ausgefochten wurde. Die vielen Verfahren wurden vor dem Verwaltungsgericht in Schwerin und dem Oberverwaltungsgericht des Landes verhandelt und sind bis auf zwei Ausnahmen durch die Fraktion bzw. durch Mitglieder einer Partei gegen die Gemeinde(vertretung) in Gang gesetzt worden; es ging um kommunalrechtliche Streitigkeiten zur Besetzung von beratenden Ausschüssen und Rechtsschutzbegehren. Erstinstanzliche Entscheidungen wurden durch die Fraktion zumeist nicht akzeptiert und mit anwaltlicher Begleitung vor das Oberverwaltungsgericht gebracht, obwohl den Beteiligten die Aussichtslosigkeit weiterer Prozesse offenbar sein konnte. Es ging der Fraktion nicht mehr darum, das Richtige und Beste für die Gemeinde zu finden, sondern ihr eigenes Rechtsverständnis durchzusetzen. Bis zum Herbst 2023 sind überwiegend gerichtliche Entscheidungen (Urteile und Beschlüsse) zu Lasten dieser einen Fraktion ausgegangen und die Gemeinde hat in den meisten Verfahren obsiegt.

Dazu muss man wissen, dass Gemeindevertreter grundsätzlich Anspruch auf die Erstattung der mit dem Verfahren verbundenen Kosten durch die jeweiligen Gemeinden haben, wenn sie aus berechtigten Gründen eine Entscheidung oder einen Beschluss gerichtlich überprüfen lassen wollen. Zur Verteidigung dieser Rechte wurde also die Gemeindevertretung kostenrisikofrei, bedenkenlos und mehrfach verklagt. Für alle Ausgaben in diesem Zusammenhang, so die Meinung der Fraktion, müsse deshalb unabhängig vom Ausgang die Gemeinde aufkommen. Die Fraktion kommt selbst in einer WhatsApp-Veröffentlichung zu dem Schluss: *„Die Kosten der vier Gerichtsverfahren dürften sich dabei auf einen hohen vierstelligen Betrag belaufen.“* Die Gemeindevertretung hat allerdings bislang gegenüber der Parteifraktion als Antragsklägerin mehrfach erkennen lassen, dass sie Zweifel an den berechtigten Gründen hegt und keine Veranlassung sieht, Gerichts- und Anwaltskosten für die Fraktion zu übernehmen.

Nach den vielen gewonnenen Gerichtsverfahren bleibt gleichwohl ein bitterer Nachgeschmack. Streitigkeiten in einer Gemeindevertretung sind nicht unüblich und sollten mit viel Sachlichkeit und ggf. mit professioneller Beratung durch Behörden und Gutachtern ausgefochten werden, um die beste Lösung für eine Gemeinde und ihre Bürger zu finden. Wenn aber, wie es in Seehof der Fall war, Streitigkeiten nur noch durch gerichtliche Verfahren entschieden werden können, ist die Dialogfähigkeit und Verhandlungs- und Kompromissbereitschaft der Beteiligten zum Erliegen gekommen.

Ich habe mir auch bei Amtsantritt nicht vorstellen können, wie viele Anzeigen von Ordnungswidrigkeiten und Straftaten in einer solchen kleinen Gemeinde vorkommen können und wie oft ich es mit den Ordnungsbehörden und mit der Polizei zu tun bekommen würde. Die örtlichen Polizeibehörden haben Stellen für Kontaktbeamte eingerichtet, die den Verwaltungsämtern und vor allem den ehrenamtlich tätigen Bürgermeistern ortsnah Rat und Begleitung anbieten. Der für uns zuständige Kontaktbeamte führte mindestens einmal jährlich mit mir ein Jahresgespräch durch und stand ansonsten für Einzelfälle kurzfristig zur Verfügung. Diese Beratung habe ich dankbar angenommen.

Straftaten und Ordnungswidrigkeiten sind vor allem in einem Ortsteil verstärkt vorgekommen. Hier wurden öfter die gemeindlichen Beschilderungen verbogen, gestohlen oder beschmiert, Bäume auf Gemeindeland gefällt, auf dem Wanderweg Blockaden und Stolperfallen aufgebaut, in Seenähe stehende Bäume wurden tief angebohrt, um sie zum Absterben zu bringen, Grabeneinläufe wurden mit Grünabfall und Strauchwerk verschüttet. Die Kollegen vom Ordnungsamt haben solche Fälle häufig sorgsam dokumentiert und zur Anzeige gebracht. Rückblickend muss ich jedoch feststellen, dass aufgrund der polizeilichen Ermittlungen zumeist nicht zweifelsfrei festgestellt werden konnte, wer die Straftaten oder die Ordnungswidrigkeiten ausgeübt hatte. Kein Verfahren wurde bislang mit Verurteilung oder mit Bußgeld für einen zweifelsfrei festgestellten Gesetzesbrecher beendet. Die Beschuldigten haben zumeist von ihrem Aussageverweigerungsrecht Gebrauch gemacht, was ihnen nicht nachteilig angelastet werden darf. Tatzeugen, die die Straftaten beobachteten, konnten letztlich nicht namhaft gemacht werden, da solche aufgrund bestehender Differenzen oder Beeinflussung unter den Einwohnern nicht bereit waren, Angaben zu machen oder eben vorgaben, keine Wahrnehmungen getätigt zu haben. Vorgelegte Fotografien und Indizien sowie Mutmaßungen zu Tatverdächtigen reichten letztlich nicht aus, um einen zweifelsfreien Tatnachweis zu erbringen.

Solche erfolglosen Ermittlungsergebnisse und die Einstellung der Verfahren durch die Staatsanwaltschaft wurden im Dorf schnell bekannt und lösten zum einen bei Einwohnern tiefe Betroffenheit aus oder bei anderen hämische Freude. Es ist nicht auszuschließen, dass sich dadurch ein Nährboden entwickelt, auf dem weitere Ordnungswidrigkeiten und Straftaten möglich werden.

Die Bedeutung der Ehrenamtlichen

Zu den Aktivitäten der Ehrenamtlichen habe ich bereits im Kapitel zur demografischen Situation einiges erläutert. Da eine Gemeinde oft vom freiwilligen Engagement ihrer Bürger lebt, möchte ich diesem Thema weitere Ausführungen widmen.

Neben den Gemeindevertretern und dem Bürgermeister, die ehrenamtlich für kleinere Gemeinde tätig sind, arbeiten in den beratenden Ausschüssen einer Gemeinde auch sachkundige Einwohner mit. Entscheidend für das Wohl einer Gemeinde ist jedoch das über die Besetzung von Ausschüssen hinausgehende Engagement ihrer Einwohner in sozialen, kulturellen, handwerklichen, sportlichen, gesundheitlichen und musischen Bereichen sowie in der Feuerwehr. In anderen Gemeinden, zumeist in traditionell gewachsenen Ortschaften, gibt es seit altersher Heimat-, Kultur- oder Dorfvereine zur Bereicherung des gemeindlichen Lebens. Solche Vereine sind in den Orten oft Träger von Festen und Veranstaltungen.

In Seehof gibt es keinen Dorf- bzw. Heimatverein. Es gibt eine große Freiwillige Feuerwehr mit bis zu 30 aktiven Kameradinnen und Kameraden und einer beeindruckenden Nachwuchsarbeit in der Jugendfeuerwehr. Es gibt darüber hinaus einen Anglerverein, einen Antennen- und mehrere Bootsstegvereine und eine Ortsgruppe der Volkssolidarität. Die sozialen und kulturellen Bereiche und Bedarfe unterschiedlicher Generationen können jedoch nicht allein durch die Freiwillige Feuerwehr oder durch die Angler und durch die kleine Ortsgruppe der Volksolidarität abgedeckt werden. Meine Vorgängerin versuchte bereits, solche zusätzlichen bürgerschaftlich organisierten Vereinsaktivitäten anzuregen und zu initiieren, aber leider ließen sich bis dahin kaum Einwohner für die Arbeit in einem Dorfverein gewinnen, obwohl die Gemeinde finanzielle Mittel zur Gründung und Unterstützung in Aussicht stellte. Die Gründe für diese fehlenden bürgerschaftlichen Aktivitäten sind vielfältig: Einerseits sind sie begründet in der Siedlungsgeschichte der beiden Ortsteile (siehe Einführungskapitel) und andererseits gab es bisher in der Gemeinde keine bürgerschaftlich-freiwillige Tradition des Ehrenamtes z. B. durch eine Kirchengemeinde, eine Kulturgruppe oder eine andere gesellschaftliche Organisation (Volkssolidarität und Freiwillige Feuerwehr ausgenommen). Die Ortsgruppe der Volkssolidarität hat über viele Jahre das gesellschaftliche Leben in der Gemeinde mitgeprägt, viele Aktivitäten angeregt und durchgeführt. In den letzten Jahren wurde der Einfluss dieser Ortsgruppe jedoch immer kleiner, weil die verbliebenen Mitglieder immer älter wurden und eine Nachwuchsbildung offenbar nicht zustande kam. In den letzten Jahren haben die Veranstaltungen der Volkssolidarität nur noch die eigenen Mitglieder in den Blick genommen. Anders hingegen verhält es sich mit der Freiwilligen Feuerwehr Seehof und ihrer Nachwuchsarbeit. Alle Wehrführer der letzten Jahre haben es verstanden, neue Mitglieder anzuwerben und aus der Jugendfeuerwehr heraus junge Leute zu gewinnen. Die guten sächlichen Umstände und die Ausstattung der

Seehofer Feuerwehr sowie die vielfältigen technischen Möglichkeiten dieser Wehr haben neben kameradschaftlichen Aspekten die Freiwillige Feuerwehr Seehof für Männer und Frauen interessant werden und bleiben lassen.

Das Fehlen eines Dorf-, Kultur oder Heimatvereins wurde insbesondere in den Jahren 2021/22 deutlich, als nach den vielen coronabedingten Einschränkungen die Einwohner großen Erlebnis- und Veranstaltungshunger hatten. Der Sozialausschuss und seine Mitglieder haben gemeinsam mit mir großen Aufwand betrieben, ein vielfältiges Programm mit Veranstaltungen, Festen und kulturellen Aktivitäten aufzustellen. Den Mitgliedern des Sozialausschusses haben diese Aktivitäten viel Freude bereitet, aber manche engagierte Ehrenamtliche sind auch an die Grenze ihrer Leistungsfähigkeit und ihrer freien Zeit gestoßen. Dies umso mehr, als deutlich wurde, dass nur ein Teil der Gemeindevertretung hinter diesen Aktivitäten stand und sich einige Gemeindevertreter von den Veranstaltungen und Aktionen fernhielten. Neben dem Sozialausschuss bildete sich eine Helfergruppe, die für vorbereitende Dienste und Aktionen, insbesondere für das jährliche Dorffest, ansprechbar war und so manch andere Veranstaltung engagiert begleitete.

Im Frühjahr 2022 hat eine engagierte Einwohnerin gezielt Einwohner in der Gemeinde angesprochen, ob Sie bereit wären, eine Gründungsinitiative für einen Dorfverein zu bilden. Es wurde eine Liste von 14 Einwohnern aufgestellt, von denen man wusste, dass sie sich für soziale und kulturelle Anliegen in der

Gemeinde interessieren. In Einzelgesprächen wurde das Fehlen eines solchen Vereins von allen Angesprochenen beklagt und das „ … *man müsste mal …* " war die typische Reaktion. Auf das eigene Mitwirken hin angesprochen, reagierten die meisten Mitbürger zurückhaltend; im Hinblick auf eine Funktion in einem solchen Verein zumeist ablehnend. Aus anderen Vereinen wusste ich, dass die Rolle und Funktion eines Vorsitzenden entscheidend ist. Nicht nur der Vereinszweck bindet Menschen an eine Sache, sondern auch die sozialen Beziehungen untereinander und die Figur des/der Vorsitzenden. Die Gründungsinitiative hat sich mehrmals getroffen und darum gebeten, eine Umfrage im Dorf zu initiieren. Ziel war es, die Akzeptanz und die Unterstützung aus der Bevölkerung für einen solchen Verein auszuloten.

Eine öffentliche Verlautbarung eines Gemeindevertreters war für die Initiatoren jedoch enttäuschend. Der Gemeindevertreter ließ erkennen, er sehe die Gefahr, dass ein solcher Verein eine nicht gewünschte Entwicklung nehmen könnte. Zum Beispiel sehe er die Gefahr, dass der Verein zu einer Parallelveranstaltung des Sozial- und Kulturausschusses werden könnte. Ein solcher Dorf- bzw. Heimatverein, so der Gemeindevertreter, könnte sich auch zum Stichwortgeber und Alibihintergrund für die (kommunal-)politische Meinungsbildung entwickeln und somit der Rechtfertigung des Bürgermeisterhandelns dienen, wozu jedoch die demokratisch gewählten Gremien im rechtsstaatlichen Kontext kritisch agieren könnten. Seines Erachtens hat dafür die Kommunalverfassung die verschiedenen Wählergruppen und Bürgerinitiativen vorgesehen, die immer neue Ideen und Vorschläge zur Entwicklung des gemeindlichen Lebens einbringen und demokratisch diskutieren lassen. Der Gemeindevertreter kam daher zu dem Schluss, dass er keinen Raum für einen allgemeinen Dorfverein sehe, es sei denn, er kümmere sich um ausgewählte spezielle Interessen wie Tanzen, Tennis, Fußball, Angeln, Rudern oder dergleichen Themen. Die Haltung dieses einen Gemeindevertreters wurde noch deutlicher, indem er verlautbarte, dass die Gemeinde keinen Bürgermeister-Wahlverein benötige oder gar eine Unterstützergruppe, die den Bürgermeister ermuntere, einmal abgelehnte Projekte weiter zu verfolgen.

Der Brief dieses Gemeindevertreters hat die Gründungsmitglieder schockiert und entmutigt. Sie hatten gehofft, dass die Gemeindevertretung sie unterstützen würde und dazu beitragen könnte, einen solchen Verein zu gründen. Mit einer solch ablehnenden Reaktion und den darin geäußerten Verdächtigungen hatte hingegen keiner der Angesprochenen gerechnet.

Die zuvor erwähnte Umfrage im Dorf zur Sinnhaftigkeit eines solchen Vereins hat indes ein positives Ergebnis aufgezeigt:

Die Beteiligung an dieser Umfrage durch die Einwohner war im Vergleich zu anderen Umfragen gut. 11% aller Haushalte in der Gemeinde haben sich für die Bildung eines Dorf- bzw. Heimatsvereins ausgesprochen. Die Beteiligung entspricht m. E. der üblichen Mengenverteilung bei solchen öffentlichen Umfragen, die sich via Internet an alle Einwohner richten. Gleichwohl habe ich auch hier Stimmen gehört wie: „.... *die Leute interessieren sich kaum noch für Vereine und erst wenn Sie selbst betroffen sind oder Bedarfe haben, werden sie aktiv."*

Die distanzierte und zum Teil skeptische Haltung Vereinen gegenüber ist auch aus anderen gesellschaftlichen Bereichen – Gewerkschaften, Kirchen, Sozialverbände – bekannt.

Die 14 Einwohner starke Gründungsinitiative hat sich nicht mehr getroffen; ihnen fehlte es offenbar an einer deutlichen Unterstützung der Gemeindevertretung. Einige von diesen Einwohnern haben sich zwischenzeitlich in anderen gemeindlichen Gruppen, wie zum Beispiel im Lesekreis, in der Tischtennisgemeinschaft oder in den vielen sportlichen und handwerklichen Freizeitgruppen eingebracht. Die Schlussfolgerungen, die man aus diesem gescheiterten Gründungsversuch ziehen kann, liegen auf der Hand: Vereinsgründungen bedürfen einer breiten gemeindlichen Unterstützung und basieren entweder auf vorhandenen Traditionen oder auf vielfach geäußerten Bedarfen und einem großen Einwohnerwillen. Ohne eine Leitfigur, die viele auf Grund von Kompetenzen oder öffentlicher Bekanntheit schätzen gelernt haben, tritt kaum ein ansonsten Bereitwilliger aus dem anonymen Einwohnerschatten heraus in die erste Reihe.

Öffentlichkeitsarbeit und Transparenz

„Die Gemeinde und das Zustandekommen von Beschlüssen sollen transparenter werden!" – über diesen Leitsatz bestand von Beginn an Einigkeit in der Gemeindevertretung. Die Gemeindevertreter, aber auch viele Einwohner, hatten den Eindruck gewonnen, dass in der vorangegangenen Wahlperiode zu wenig Transparenz herrschte und sich die vormalige Gemeindevertretung in den letzten Jahren zurückgezogen und die Bürger nicht mitgenommen hatte. Aber wie erreicht man nun Transparenz und Teilhabe der Einwohner in einer Gemeinde wie Seehof?

Ich hatte wenige Wochen, bevor ich ehrenamtlicher Bürgermeister wurde, in der Landesregierung als zuständiger Referatsleiter ein Wohlfahrtsfinanzierungs- und -transparenzgesetz auf den Weg gebracht und war mit dem Thema Transparenz fachlich gut vertraut. Ich schlug der Gemeindevertretung einen ganzen Katalog von Maßnahmen vor; dazu gehörten:

- Aufbau einer Homepage mit umfangreichen Beteiligungsmöglichkeiten der Einwohner (z. B. mit Kommentar- oder Abstimmungsmöglichkeiten)
- Öffentliche Übertragung der Sitzungen der Gemeindevertretung über MS-Teams und YouTube
- Aufbau einer Dokumentenbibliothek für die Gemeindevertreter und sachkundigen Einwohner für die Ausschussarbeit

- Regelmäßige Bürgerbriefe, -mails und -informationen
- Offensive Schaukasten- und Pressemitteilungen
  sowie das Angebot eines frei zugänglichen
  „Bürgerbretts" am Gemeindehaus für private
  Veröffentlichungen.

Alle diese Punkte wurden von der Gemeindevertretung ange-nommen.

Durch die Hilfe eines ehrenamtlichen Einwohners konn-te eine kosten- und zeitaufwendige Vergabe zum Aufbau einer Homepage entfallen. Noch im ersten Jahr der Wahlperiode ent-stand eine ansehnliche Homepage mit vielen Erweiterungs- und Beteiligungsmöglichkeiten. Unter der Rubrik „Aktuelles" wur-den mitunter zehntägig Neuigkeiten, Angebote, Probleme und Veranstaltungen in der Gemeinde veröffentlicht und von vielen Einwohnern als Informationsquelle geschätzt.

Auch von der Kommentarfunktion unter den jeweiligen Bei-trägen auf der Homepage wurde reichlich Gebrauch gemacht. Manche Diskussion zu Sachthemen und Beschlüssen wurde hier virtuell ausgetragen. Oft waren es dieselben Mitbürger, die auch die Sitzungen der Gemeindevertretung besuchten und dort ihre Meinung bereits geäußert hatten, die nun die Kommen-tarfunktion nochmals nutzten, um ihrem Standpunkt erneut Nachdruck zu verleihen. Es gab auch einige anonyme Beiträge (offenbar ebenso Besucher oder Zuschauer der Sitzungen der Gemeindevertreter) die sich jedoch nicht trauten, ihren Klarna-men zu nennen. Die Kommentare dieser Anonymen waren mitunter sehr ehrverletzend und von geringer Sachlichkeit gekennzeichnet. Wir entschieden uns daher nach drei Jahren, anonyme Kommentare nicht mehr für die Veröffentlichung freizugeben.

Ein allgemeines Stimmungsbild der Gemeinde konnte man anhand der kontrovers diskutierten Sachthemen und Kommentare auf der Homepage nicht ablesen. Die tatsächliche Anzahl der Diskutanten – in den fünf Jahren weniger als 50 unterschiedliche Kommentatoren – waren letztlich nur auf wenige Mitbürger beschränkt. Allerdings war die Anzahl derjenigen, die diese Meinungsbeiträge und Diskussionen auf der Homepage verfolgten, ohne sich selbst aktiv zu beteiligen, enorm angewachsen und umfasste zu bestimmten Themen bis zu 1.000 Nutzer. Warum ist das so? Warum beteiligen sich nur wenige Menschen durch Kommentare oder Beiträge an der online-Diskussion, wenn zugleich die Leserschaft und Beobachter auf das Zehnfache anwachsen? Ich denke, es gibt mehrere Antworten. Zum einen wollten die Diskussionsbeobachter nicht durch Kommentare mit ihrem Namen erkannt werden und befürchteten mitunter auch, auf ihren Beitrag hin angesprochen zu werden. Zum anderen hatten diese online-Diskussionen auch Event-Charakter und ich will nicht ausschließen, dass manche Mitbürger ebenso Gefallen fanden an dem ausgetragenen Streit und der damit verbundenen Empörungskultur.

In der Folge war die gemeindliche Homepage auch umstritten. Ein Gemeindevertreter sprach offen die Verdächtigung aus, dass die Homepage zu eincr Wahlplattform des Bürgermeisters verkommen könnte und nicht die Aufgabe hat, „Konkurrenzgremien" neben der Gemeindevertretung und ihren Ausschüssen zu installieren.

Für die Pflege einer gemeindlichen Homepage und ihrer zeitnahen Aktualisierung bedarf es offenbar langfristig gemeinsam vereinbarter Regelungen oder Leitlinien. Es können nicht jedes Mal Aktualisierungsbeschlüsse der Gemeindevertretung dazu abgewartet werden. Üblicherweise trägt ein Bürgermeister die Gesamtverantwortung für gemeindliche Veröffentlichungen. Wenn es sich nicht um politische Meinungsbekundungen handelt, ist auch ein Maß an Vertrauen der Gemeindevertretung Voraussetzung für eine aktuelle Homepage, die auf Veranstaltungen, Sitzungen und Kreise der Gemeinde hinweist. Einzelne politische Meinungsbekundungen oder Kommentare von Gemeindevertretern, Fraktionen, Wählergruppen gehören nicht auf eine gemeindliche Homepage. Zur Darstellung und Verbreitung politischer Haltungen und Beiträge sollten die Parteien und Wählergruppen eigene Veröffentlichungswege haben und keine gemeindliche Plattform nutzen. Eine solche Trennung verhindert viele Streitigkeiten.

Das Kontaktformular auf der Homepage, um den Bürgermeister mit Anliegen zu erreichen, wurde oft genutzt und bot über 80 Einwohnern die Möglichkeit, ihre Wünsche oder Kritik vorzutragen.

Auf der Homepage hat es zudem mehrere öffentliche Abstimmungsverfahren zu Sachthemen gegeben, die, im Gegensatz zu den beschriebenen Kommentaren, ein Meinungsbild unter den Einwohnern deutlich erkennen ließen. An solchen Abstimmungen und Umfragen, zum Beispiel zur Notwendigkeit und zum Bedarf eines seniorengerechten Wohnens, dem Standort einer Arztpraxis oder zur Gründung eines Dorfvereins, haben sich bis zu 20% aller Haushalte beteiligt. Solche Umfragen sind aus meiner Sicht ein gutes Mittel der direkten demokratischen Mitwirkung von Einwohnern. Die Umfragen müssen allerdings sehr frühzeitig bekannt und möglichst durch eine schriftliche Ankündigung an alle Einwohner auf dem Postweg publik gemacht werden. Der Abstimmungszeitraum in Seehof war jeweils klar umgrenzt, die Möglichkeit zur Mitwirkung lag zumeist nicht unter vier Wochen. Die statistisch-inhaltliche Auswertung und Bewertung erfolgte ebenso zeitnah über die Homepage und wurde wiederum von weitaus mehr Einwohnern zur Kenntnis genommen, als sich zuvor an der Abstimmung bzw. Umfrage selbst beteiligt haben.

Ansonsten waren die Besucherzahlen auf den Seiten der Homepage sehr unterschiedlich und abhängig von den Themen und der jeweiligen Aktualität. Eine öffentliche Übertragung einer Sitzung der Gemeindevertretung konnte mitunter mit bis zu 100 Teilnehmern rechnen. Aufrufe von Seiten und Beiträgen zu anderen Themen besuchten zwischen 80 bis 500 Nutzer innerhalb eines Monats. In den ersten vier Jahren hat es mehr als

110.000 Besucher (nicht Zugriffe) auf unserer Homepage gegeben.

Regelmäßig habe ich alle sechs bis acht Wochen eine Bürgermail an mehr als die Hälfte aller Haushalte in der Gemeinde versandt. Diese „Seehofer Bürgermails" enthielten ergänzend zur Homepage aktuelle Informationen für die Einwohner sowie Hinweise auf Veranstaltungen der Gemeinde. Zu diesen regelmäßigen Informationen im Umfang von bis zu zwei Seiten habe ich oft positive Rückmeldungen erhalten, etliche Einwohner haben sich für diese aktuellen Hinweise bedankt. Ältere Einwohner, von denen ich wusste, dass sie auf dem Mailwege nicht erreichbar waren, haben die „Seehofer Bürgermail" direkt in den Briefkasten erhalten.

Jahresbriefe des Bürgermeisters mit Berichten, Zahlen und Fakten sowie eine Rückschau über das vergangene Jahr oder auch Briefe von politischen Gruppierungen oder Ausschüssen an alle Haushalte der Gemeinde wurden grundsätzlich nicht auf der Homepage veröffentlicht, sondern über die Briefkästen von den Akteuren direkt verteilt. Einige Gemeindevertreter und Ausschussmitglieder verteilten in Folge der jährlichen Bürgermeisterbriefe mitunter auch eigene Briefe mit dementsprechenden Gegendarstellungen und legten darin ihre Meinung zu Sachverhalten dar. Diese kontroversen Briefe waren für die Einwohner ein deutliches Zeichen für die Zerstrittenheit in der Gemeindevertretung.

Für die Gemeindevertreter und für die sachkundigen Einwohner wurde gleich zu Anfang der Wahlperiode eine Daten- und Dokumentenbibliothek über MS-Teams aufgebaut. Dort fanden sie gut aufgelistet die Protokolle der Gemeindevertretung und der Ausschüsse, sowie Bebauungspläne, Haushaltspläne und -sachstände, Gutachten und Projektbeschreibungen. Jeder Gemeindevertreter und jedes Ausschussmitglied hatte zu diesem Portal einen passwortgeschützten Zugang. Der Dienst MS-Teams wurde leider nach vier Jahren als kostenfreie Version nach der Coronazeit eingestellt, so dass für die Gemeindevertreter und sachkundigen Einwohner dieser gemeindliche Service beendet wurde. Im Ergebnis muss leider auch festgestellt werden, dass in den fast vier Jahren, in denen die Daten- und Dokumentenbibliothek als Hilfsangebot existiert hat, nur ca. die Hälfte aller Akteure den Service wirklich nutzte und zur Vorbereitung für die Gremienarbeit verwendet hat. Die Chance, die in dieser transparenten und digitalen Vorgehensweise lag und zur Erleichterung in der Vorbereitung von Sitzungen und Beratung führen sollte, wurde von etlichen Beteiligten wenig genutzt. Etlichen Gemeindevertretern war die Arbeit mit solchen digital zur Verfügung stehenden Instrumenten fremd und offenbar zu aufwendig. Mitunter wurde die Dokumentenbibliothek und die damit verbundenen Chats auch als datenunsicher oder als illegal beschimpft. Ich denke, dass durch die geringe Nutzung der Daten- und Dokumentenbibliothek Chancen vertan wurden, die zu einer Versachlichung und Professionalisierung der Arbeit der

Gemeindevertretung hätten führen können. Ich bin mir sicher, dass in wenigen Jahren solche digitalen Instrumente in den Gemeindevertretungen die Regel sein werden. Die bisher über die Ämter zur Verfügung stehenden Ratsinformationssysteme können diese gemeindlichen Bedarfe einer gebündelten Daten- und örtlichen Dokumentensammlung bislang nicht abdecken.

Zur Transparenz gehört auch die Erwartung etlicher Mitbürger, Vorlagen und Dokumente der Gemeindevertretung zum öffentlichen Sitzungsteil selbst einsehen zu können. Wer eine Gemeindevertretersitzung besucht oder diese am Bildschirm verfolgt, kann kaum nachvollziehen, welche Sachverhalte und Fakten den Vertretern zur Entscheidung vorliegen. Das Bürgerinformationssystem der Ämter könnte hier noch Etliches für interessierte Bürger bereitstellen. Mir ist auch bewusst, dass ein sorgsames und datenschutzkonformes Vorgehen die Grundlage bilden muss, um Vorlagen aus öffentlichen Sitzungen der Gemeindevertretung einer interessierten Bürgerschaft zugänglich zu machen.

Die Schaukästen und ihre Inhalte wurden in Seehof sehr aufmerksam wahrgenommen und zumeist positiv kommentiert. In den sechs Schaukästen der Gemeinde wurde stets auf Aktualität geachtet; ich konnte oft beobachten, dass Bürger dort sehr umfangreiche Texte gelesen haben. Mitunter gab es auch Diskussionen darüber, wer eigentlich was im Schaukasten veröffentlichen darf? Hier habe ich eine einfache Regel vorgegeben: Träger und Institutionen, die mit der Gemeinde offiziell oder durch Förderung verbunden sind, können im Schaukasten veröffentlichen. Andere private, politische oder kommerzielle Informationen oder auch parteiliche Bekundungen gehören an das Bürgerbrett, sofern sie keinen menschenverachtenden, fremdenfeindlichen, rechtsaffinen, sexistischen oder gewaltverherrlichenden Charakter haben.

Fazit:

Ohne Transparenz kann ich mir heute ein kommunalpolitisches Engagement nicht mehr vorstellen. Die Bürger haben ein Recht darauf, umfassend informiert zu werden, wie die von ihnen gewählten Mandatsträger in Sachfragen entscheiden, wie Planungen und wirtschaftliche Ansiedlungen sowie Investitionen vorbereitet werden und mit welchen Argumenten und Begründungen Beschlüsse zustande kommen oder Vorlagen des Amtes abgelehnt werden. Ausgenommen von diesem Transparenzziel sind allerdings personenbezogene Vorgänge in nicht öffentlichen Sitzungen, wenn überwiegend Belange des öffentlichen Wohls oder berechtigte Interessen Einzelner es erfordern (zum Beispiel Vergabe- oder Grundstücksentscheidungen).

Transparenz in politischen Prozessen baut Misstrauen und Argwohn ab und kann Mitbürger für die kommunalpolitischen Themen interessieren und zur Mitwirkung in der Gemeinde anregen. Transparenz bedeutet auch zugleich öffentlichen Schutz, denn für eine Vielzahl von interessierten Einwohnern werden die Mandatsträger erst in ihrer Tätigkeit als Gemeindevertreter oder Bürgermeister erkenn- und bewertbar, unsachliche Gerüchte und Verleumdungen können dadurch im Interesse aller aufgedeckt werden.

Erkannt habe ich allerdings auch, dass Transparenz nur denjenigen weiterhilft, die sie einfordern. Einer Vielzahl von Mitbürgern nützt jegliche Transparenz nicht, um sie von skeptischem oder ablehnendem Verhalten abzubringen. Die Haltung – *„Die da oben machen, was sie wollen!"* – wird man auch mit noch so viel Durchsichtigkeit oder Transparenz nur in kleinen Schritten beseitigen können.

Wie im Kapitel zu den Sitzungen der Gemeindevertretung bereits beschrieben, würde ich mich jedoch immer wieder zu der öffentlichen Übertragung von Gemeindevertretersitzungen und zu viel Transparenz entscheiden, um damit die öffentliche Meinungsbildung und die Beteiligung der Bürger zu stärken und zu befördern.

Ein Ausblick – wie weiter in Seehof?

Die Einwohner der Gemeinde Seehof, verglichen mit vielen anderen Menschen in Städten, Industriegebieten und dicht besiedelten Orten, leben wie in einem Paradies. Der große See vor der Tür mit seinen unterschiedlichen Freizeitmöglichkeiten, die saubere Umwelt, die Nähe zur Landeshauptstadt und zur Ostsee, die lockere Bebauung mit viel Grün, die gut funktionierende Infrastruktur mit Straßen, Nahverkehr, Freibad, Kindergarten etc., lassen diesen Ort für Auswärtige und Urlauber wie einen Wunschort erscheinen: Wohnen, wo andere Urlaub machen! Etliche Bürger unserer Gemeinde wissen um all diese Vorzüge und leben hier glücklich und mit einer großen Dankbarkeit.

Zugleich gibt es wie überall einige wenige Mitmenschen, die zunehmend unzufrieden sind und ihre Haltung und Meinung offen und mitunter auch lautstark kundtun. Ich vermute, dass es für diese Mitbürger völlig unerheblich ist, wer hier Bürgermeister oder Gemeindevertreter ist. Sie sind von einer skeptischen und zum Teil ablehnenden Grundhaltung geprägt und ihr Wohlbefinden würde ins Wanken kommen, wenn sie diesen Zustand mit gelebter alltäglicher Empörung und praktizierter Skepsis aufgeben müssten.

Diese wenigen Mitbürger sollte man nicht vorrangig in den Fokus kommunaler Bemühungen und Projekte stellen; sie zu einer anderen Haltung zu bewegen, ist fast unmöglich und kostet unendlich viel Kraft und Zeit, die einer positiv gestimmten Mehrheit fehlen würde. Aus meiner Sicht sollten diejenigen Einwohner verstärkt in den Blick genommen werden, die sich für das Gemeinwohl engagieren und die die Unterstützungsleistung der Gemeinde dazu nutzen. Oft ist hierfür gar nicht viel Geld notwendig; mitunter sind es nur gemeindliche Räume und Technik, die gebraucht werden oder kleine Kopier- und Hilfsleistungen der Gemeindearbeiter, die die Vorhaben von Engagierten gelingen lassen.

Die Ermutigung und der Dank gegenüber den ehrenamtlich Tätigen spielt dabei eine große Rolle. Lob bedeutet Verstärkung und Anerkennung, stützt Identität. Etliche Mitbürger wollen angesprochen werden und zeigen ihre Bereitschaft zum gemeindlichen Engagement erst nach einer persönlichen Ansprache. Nichts führt schneller zu einer Identifikation mit einer Gruppe oder mit der eigenen Gemeinde, als die Mitarbeit in ihr, stellt sinngemäß Heinzpeter Hempelmann in einem Aufsatz klar. Ein Bürgermeister sowie die Gemeindevertreter müssen dazu ihre Mitbürger mit ihren Gaben und Erfahrungen kennen, um solche gezielten Anfragen erfolgreich werden zu lassen. Ein allgemeiner Aufruf ist zumeist nicht dienlich; es ist die gezielte und persönliche Ansprache, die Menschen erweckt, sich in die Gemeinde einzubringen.

Und es sollten diejenigen Einwohner verstärkt in den Blick der Gemeinde genommen werden, die Hilfestellungen oder Beratung benötigen oder auf infrastrukturelle Missstände aufmerksam machen. Auch hier ist es sehr vorteilhaft, die Einwohner und ihre Wohnorte und Umgebung weitgehend zu kennen. Die Gespräche auf der Straße und bei spontanen Begegnungen spielen ebenso eine große Rolle wie die regelmäßigen Sprechzeiten für die Einwohner beim Bürgermeister. Manche Menschen sagen das, was sie bedrückt, ärgert und was sie geändert haben wollen nur ein einziges Mal. Sie schreiben keine umfangreichen Anträge an die Gemeindevertretung oder an das Amt oder warten geduldig auf die Erfüllung ihrer Anliegen. Darum ist aufmerksames Zuhören und ggf. Nachfragen bei solchen Bürgergesprächen wichtig. Werden solche geäußerten Nöte oder Beklagnisse nicht gehört, kommt es leicht zum Rückzug der betreffenden Mitbürger oder zu einem schlechten Ruf des Bürgermeisters: *„… der nimmt uns und unsere Sorgen doch nicht ernst."*

Die demografische Entwicklung (Überalterung) ist keine Last oder Bürde für eine Gemeinde, sondern kann als Chance wahrgenommen werden, das gemeindliche Leben zu verbessern. Eine Gemeinde, in der demnächst mehr Menschen leben werden, die nicht mehr täglich eine Arbeitsstelle aufsuchen oder einer Erwerbstätigkeit nachgehen, hat die Chance, ihre Aktivitäten in Freizeit, Kultur, Vorhabenplanung sowie die demokratische Mitwirkung und das soziale Leben auf breitere Schultern zu verteilen. Menschen im Ruhestand entwickeln zunehmend die Haltung, sich nochmals mit ihren Erfahrungen und Kompetenzen einzubringen. Überregionale Vereine, Verbände und andere gesellschaftliche Organisationen bieten dazu viele Anknüpfungspunkte und Eingangsportale. Was für diese gilt, gilt natürlich auch für Gemeinden. In den letzten vier Jahren hat sich die Anzahl derjenigen, die etwas für ihre Mitbürger in der Gemeinde tun wollen, mehr als verdreifacht. Diese Einsatzbereitschaft für andere und letztlich auch für sich selbst etwas zu tun, wird meines Erachtens zunehmen. In den kommenden Jahren ist in der Gemeinde hierauf ein besonderes Augenmerk zu legen und die damit verbundenen Chancen, das Gemeinwohl in der Gemeinde Seehof zu verbessern, nicht zu unterschätzen. Auch hier hilft die persönliche Ansprache durch den Bürgermeister und durch die gewählten Akteure. Es bedarf oft nur eines geringen Anstoßes und ein Mitbürger tritt aus der anonymen Einwohnerschaft mit einer Befähigung hervor, die zuvor keiner geahnt hat. Dazu sind vor allem Räume notwendig, in denen sich solche Aktivitäten entfalten können; Räume in Häusern aber auch auf gemeindlichen Flächen wie Sport- und Freizeitplätzen.

Des Weiteren ist ein neuer intergenerationeller Dialog notwendig. In Seehof leben schließlich nicht nur Rentner, sondern auch Familien, Kinder und Jugendliche sowie Berufstätige, die die Gemeinde aus einem ganz anderen Blickwinkel betrachten. Für sie muss vor allem die kommunale Infrastruktur intakt und angepasst sein. Zum Beispiel muss der örtliche Personennachverkehr bedarfsgerecht funktionieren. Es müssen genügend KITA-Plätze bereitgehalten werden und für die Jugendlichen muss es Räume (innen wie außen) geben, in denen sie sich zweckfrei und informell unter sich treffen können. Es müssen genügend Parkplätze verfügbar sein und die Spiel- und Erholungsorte müssen sauber und funktional sein. Über solche infrastrukturellen Bedingungen sollte in jeder Gemeindevertretung Einvernehmen herrschen, denn sie sind eine wichtige Voraussetzung für die innere Weiterentwicklung einer Gemeinde. Um ein solches Einvernehmen zu erreichen bedarf es Mitwirkungsformen für die Familien, Kinder, Jugendlichen und Berufstätigen, die nicht mit viel Zeit und Aufwand verbunden sind: Zum Beispiel ein intergenerationeller Dialog in moderner und digitaler Form. Eine Homepage mit Kommentarfunktion und ein Maileingangskorb beim Bürgermeister werden dazu nicht ausreichend sein. Dazu werden eher eine andere digitale Plattform und soziale Netzwerke nötig sein, um die Wünsche und Bedarfe gerade dieser Einwohnergruppe aufzunehmen. Solche Mitwirkungsmöglichkeiten sollten einfach und nicht zeitaufwendig funktionieren und müssen zugleich den Missbrauch sowie menschverachtende, sexuelle, rassistische und herabwürdigende Attacken Dritter ausschließen.

Der Klimawandel macht auch um Seehof keinen Bogen. Wir beobachteten in den letzten Jahren eine zunehmende Trockenheit und konnten feststellen, dass etliche Sölle und kleine Teiche dauerhaft trockenfielen. In den Wintermonaten anfallendes Regenwasser sollte zukünftig zurückgehalten und nicht sogleich in den See abgeleitet werden; Regenwasser ist kein lästiges Gut, sondern für alle eine lebenswichtige Ressource. Daher sollte der weitere Ausbau von Stauflächen, Vorflutern und Dükern in den Vordergrund treten, wie auch der Bau von Regenwasserzisternen für kommunale Bewässerungsaufgaben. Mit den Landwirten müssen die Gespräche fortgeführt werden zur pflanzenschutzmittelfreieren Landwirtschaft. Da ohnehin nur wenige landwirtschaftliche Flächen im Gemeindebereich zu Verfügung stehen, kann hier offensiv gehandelt werden. Ebenso ist es wünschenswert, dass die Fotovoltaikinstallation auf den Dächern der vielen Einfamilienhäuser weiter zunimmt. Das gilt auch für die kommunalen Häuser, die zwar selbst einen geringen Energieverbrauch aufweisen, aber auf Grund ihrer Flächenmaße viel Strom einspeisen könnten. Man kann nur hoffen, dass für solche Vorhaben alsbald die energiepolitischen Rahmenbedingungen zur Verfügung stehen.

Wie wird sich Seehof und Hundorf nun weiterentwickeln? Wird es eine äußere Weiterentwicklung geben durch neuen Zuzug und durch dementsprechende Ausweisung von Bauplätzen oder wird es eine innere Weiterentwicklung der Ortsteile geben, die durch gegenseitige Verständigung und durch mehr zivilgesellschaftliches Engagement gekennzeichnet ist? Eines ist in jedem Fall gewiss: Die Erweiterung des Häuserbestandes durch die Ausweisung von neuen Baugebieten wird für die Weiterentwicklung keine oder nur geringe Effekte bringen. Der Gemeinde steht bis zum Jahr 2030 ohnehin nur ein begrenztes Kontingent von neuen Wohneinheiten im Rahmen der Stadt-Umland-Vereinbarung zwischen den Umlandgemeinden und der Landeshauptstadt Schwerin zu.

Und wie uns die Siedlungsgeschichte der Gemeinde seit Ende des Zweiten Weltkrieges gezeigt hat, schafft erneuter Zuzug kein besseres gemeindliches Klima.

Streitigkeiten zwischen Gemeindevertretern, Meinungsverschiedenheiten mit dem Bürgermeister oder mit Mitarbeitern des Amtes wird es auch zukünftig geben, schließlich leben wir nicht in einer heilen Welt. Inwieweit ein Ehrenkodex dazu beitragen könnte, wird sich erst erweisen müssen. Ein ordentlicher und sachlich geführter Diskurs bereichert jegliches Gemeindeleben. Entscheidend ist die menschliche Haltung und die Achtung des anderen, die einen Diskurs wertvoll und für die Allgemeinheit nutzbar macht.

Die Wähler in Seehof und Hundorf haben es in der Hand, wen sie für diese Aufgabe erwählen und beauftragen, für die Gemeinde und ihre Bürger das Beste zu erreichen.

Nachwort

„Warum schreibst Du eigentlich keine Geschichten über Deine Bürger-meisterzeit auf; Du hast doch genug erlebt mit den Behörden, den Gemeinde-vertretern und mit den Einwohnern?" fragte mich neulich ein Bekann-ter.

Aus meiner Bürgermeisterzeit gäbe es wohl viele Geschichten zu erzählen. Ich könnte berichten vom Abriss des alten Gemein-dehauses und des Wasserwerks. Eine spannende Geschichte wäre zu erzählen von dem Versuch, nach dreißig Jahren einen alten Wanderweg zu reaktivieren oder über die Verhinderung des Baus einer seniorengerechten Wohnanlage und einer Pho-tovoltaikanlage auf dem Gmeindehaus. Ich könnte von einer Vielzahl von Anzeigen, Beschwerden und Gerichtsprozessen berichten. Ich könnte erzählen von Festen und Feiern, von der Grün- und Astschnittentsorgung oder über illegale Baumfällun-gen und andere Straftaten in der Gemeinde. Über manche diese Geschichten kann man nur den Kopf schütteln und über andere herzhaft lachen.

Während ich dieses Buch geschrieben habe, las ich Fritz Reu-ters Werk „Ut mine Stromtied" und habe parallel angefangen, meine Erlebnisse als plattdeutsche Geschichten zum Schmun-zeln und „Schüttköppen" aufzuschreiben. Diejenigen, denen ich diese plattdeutschen „Dööntches" aus Seehof vorab zum Kor-rekturlesen gab, hatten einen weiteren Eindruck gewonnen, wie es mir als Bürgermeister in den letzten Jahren ergangen ist und fanden es durchaus anregend, im Stile Fritz Reuters „Ut mine Burmestertied" Näheres zu erfahren.

Letztlich habe ich mich jedoch entschieden, diese plattdeutschen Geschichten nicht dem Buch beizufügen. Die Zeit als Bürgermeister war zwar geschichtenreich, aber über die Beteiligten zu lachen oder betroffen den Kopf zu schütteln, ist nicht mein Anliegen. Dieses Buch soll zum Nachdenken anregen und Vorschläge unterbreiten, wie in einer Gemeinde mit einer solchen Siedlungsstruktur im Umfeld einer größeren Stadt ein Gemeinwesen verbessert werden kann. Es soll zu Überlegungen anregen, wie man das bürgerschaftliche Engagement fördern kann, wie Transparenz in einer Dorfgemeinschaft möglich wird und welche Chancen und Gefahren für diejenigen Menschen bestehen, die sich als Gemeindevertreter oder Bürgermeister im Ehrenamt zur Wahl stellen.

Und noch etwas zum Schluss: Ist Ihnen aufgefallen, dass ich nichts über fehlendes Geld oder eingeschränkte Handlungsspielräume auf kommunaler Ebene geschrieben habe? Ich habe die Erfahrung gemacht, dass man auf der gemeindlichen Ebene viel bewegen kann. Gute Ideen scheitern zumeist nicht am Geld. Sie bedürfen mitunter vieler Überzeugungsarbeit und ich kann den Grundsatz bestätigen: Wer die richtigen Ziele verfolgt und die richtigen Partner dazu findet, ebnet auch einen Weg zum Geld und zur Umsetzung.

An einigen Stellen in diesem Buch musste ich mitunter unliebsame Wahrheiten aussprechen und kritische Bemerkungen einfügen; es ist meine Sicht auf die Dinge. Alle Zitate und Hinweise auf Dokumente und Beschlussvorlagen sind aktenkundig belegbar. Sollte ich mit diesem Buch jemanden verletzt oder gekränkt haben, so bitte ich um Entschuldigung.

Danksagungen

Ohne die Mithilfe von Freunden, Beratern und Kollegen wäre dieses Buch nicht möglich gewesen. Daher danke ich meinen Beratern: Helga, Conny, Peter, Jürgen, Stephan, Wolfram, Ronald und Diedrich für ihre unendliche Geduld und die vielen Gespräche sowie für kritische Hinweise und die juristische Beurteilung. Maria danke ich für das Korrekturlesen (eigene Fehler findet man selbst zumeist schlecht). Bürgermeister- und Verbandskollegen danke ich für ihre Beurteilung einiger Sachkapitel und dem Nordwestmedia Verlag für seine Begleitung und Druckvorbereitung.

Der größte Dank allerdings gilt meiner Frau, die mich die ganze Zeit kritisch begleitet hat und wenn es zu arg wurde und sie bis spät in der Nacht auf mich gewartet hat, stets ein tröstendes Wort für mich bereithielt.